はじめての「男の着物」

「銀座もとじ 男のきもの」店主
泉二弘明

二見レインボー文庫

はじめに

私が「男のきもの専門店」を立ち上げて、早いもので来年一五周年を迎えます。

当時、無謀とも言われた立ち上げでしたが、きもの、そして和文化を愛する男性諸氏に支えられ、ここまで参れましたことを、心より感謝申し上げる次第です。

着物は「手がかかる」「敷居が高い」などの先入観が付きまといますが、親しんでみると決してそのようなことはありません。一年三六五日、二五年間毎日着物を着て過ごしております私は、今では洋服のほうが窮屈に感じられるほど、「楽」に着ているのです。

着物は身に付けて心地よいばかりでなく、腰ひも一本と角帯で着られるという、大変重宝な衣服です。

また、身に付けているだけで、洋装では出せない存在感をまわりに与えます。

「心地よい人目のシャワー」とでも申しましょうか、見られることで背筋も伸び、装いにふさわしく自分自身も磨かなくてはという気持ちになります。

そう、着物はまさに最高の男磨きと言えるのではないでしょうか。

着物を誂えたことをきっかけに、茶道や仕舞などを学び始めた方も多くいらっしゃいます。


ひところは、仕事をリタイアなさった方がゆったりと着物を愛用するというような印象がありましたが、今はブランド物など洋服を楽しみつくした方々が究極のおしゃれとして着物に入ってきています。

また、国際交流が進む中、海外で活躍するビジネスマンが日本人としてのアイデンティティをアピールするうえで、着物一式をご持参になり、ここぞという場面でお召しになることでビジネスもうまくいったというお話も耳にいたします。

さらには、人と違うおしゃれを楽しみたい、パーティーに着て行きたいとおっしゃる、まだ二〇代、三〇代の若い方々も増えてきています。


着物を着るということは、その作り手（染・織・仕立て）を守っていくことにもつながります。

精魂込めて作った方たちの思いにこたえるためにも、ひいては日本の大切な文化を守り発展させるためにも、本書をきっかけにぜひ、素晴らしい着物の世界に一歩踏み出していただければ幸いです。

なお、本書のオリジナル本は、二〇〇三年に出版されました。着物の基本的なことは変わらないですが、この一三年の時の流れを鑑みまして、全体を見直し、写真やイラストを含めて多くを差し替え、また削除や追記をいたしました。

私は、着物と出合ったことで、人生が変わりました。
いつも着物に感謝しつつ、日々を過ごしています。
この本を手に取ってくださった皆様に、奥深い着物の魅力が伝わることを願いつつ。

泉二　弘明

二〇一六年一二月

1章 男も着物を楽しむ

2章 初めて着物を買う

3章 着物と小物に出合う

4章 自分で着物を着る

5章 着物と深く付き合う

写真 —— てるうちスタジオ　堀弘子
銀座もとじ
イラスト —— 高原めぐみ
デザイン —— ヤマシタツトム

1章

男も着物を楽しむ

着物を楽しむ男が増えている

ここ数年、「男の着物」がますます注目されていることを感じます。

わたしが銀座の地で呉服業を始めて三七年になりますが、以前は、男の着物というと、「年間五〜一〇反《たん》売れれば精一杯」という状況でした。置いていても売れないのですから、店の片隅に申し訳程度にしかありません。

ところが二〇年ぐらい前からでしょうか、

「着物を着たいのだけれど、どこで買ったらいいのでしょうか？」

「どんな着物があるのでしょうか？」

「仕立ての相談には乗ってくれないのですか？」

という声をちらほら聞き始めたのです。

そのおかげで、「もしかしたら、男性のほうがより着物の着方、コーディネート、仕立て方法について、親身になって相談に乗ってくれる店を探しているのではないか？」と気付き、男の着物を専門的に扱いたいと思うようになりました。

日本人の半分は男性です。聞かれるようになったこうした声は、実は男性の本音ではないかとも考えたのです。

そこで、男の着物の売り場を徐々に増やしました。洋服のお店のように、反物《たんもの》は柄を見やすくするために広げ、コーディネートのイメージが持てるようなディスプレイを心掛けました。

そして、世の中はインターネット社会になりました。一人では着物の世界に足を踏み入れにくいと感じていた男性たちが、ネット上で仲間をどんどん見つけていったのです。

そして、それを見た潜在的着物愛好者の方々が、「よし、自分も！」と歩みを始め、数年で、男の着物を取り巻く環境が一気に変わってきたのです。

雑誌や新聞、テレビなどで「男の着物」を取り上げていただく機会も、考えられないほど多くなりました。

今や男の着物は、流行の最先端を行く、男の究極のおしゃれだと言えるのです。

着物を着ると、違う自分になる

私は、鹿児島県、奄美大島の生まれです。私が生まれる前、実家は大島紬《おおしまつむぎ》の織元《おりもと》でした。

そんな私が上京してきたのは、マラソンランナーとして箱根路を走るためでした。しかし、その夢は大学一年のとき、ランナーとしては致命傷である、腰痛を患ったことにより砕け散ってしまいました。

手術を行い、退院してきたときに、ふと、走れなくなった自分には何があるのだろうと考えました。走ることがすべてだった私には、ほかにやりたいことをすべきことも、何もありません。意気消沈の日々を過ごしました。

しかしあるとき、故郷の大島紬のことが頭に浮かんだのです。

初めて袖を通した父の形見の大島紬は、傷付いた心を優しく包んでくれ、元気を与えてくれました。そのとき、ランナーとしては挫折してしまったけれど、着物に袖を通すことでまた違った自分を発見できるのではないかと思ったのです。

最近、着物ファンになられた方もよく、「着物を着ると、違う自分になれるような気がする」とおっしゃっています。もう一人の、新しい自分が表に出てくるということでしょう。

着物を着ることで、自分に自信が出てきて、今までできなかったことが達成できるような、また、挑戦してみたいような気分にもなれるのです。これまであまり目を向けたことのなかった世界に、興味が湧いてきたとおっしゃる方も大勢います。

わたしも毎朝、鏡の前で足袋《たび》を履き、長襦袢《ながじゅばん》を着、そして、着物に袖を通すころには、顔つきがだんだん変わってくる気がします。

そして、キリリと角帯《かくおび》を締め終わるころには、すっかりポジティブな気分になっています。「さぁ、今日も頑張るぞ！」という気持ちが、どんどん湧き起こってくるという感じでしょうか。

実際、どなたでも、着物を着、角帯を締めれば、ポン！　と下腹をたたいて自ら気合いを入れたくなるほどの昂揚感が味わえることと思います。洋服の場合でも、憧れのブランドの服を手に入れ、袖を通したときに似たような気持ちを味わうかもしれません。

普段と違う自分になることができ、また、周囲の視線も格別であることを考えると、こうした豊かな気持ちを味わえる最たるものが着物だと言えるのです。

着物の気持ちよさ

着物というと、帯を締めるなんて、何だかきつそうだなあというイメージがあるかもしれません。しかし意外にも、着物は着ていてとても楽なものです。

男の着物は腰で帯を締めますが、締め付けられているのは、その一カ所だけ。ベルトを締める位置よりもさらに低いわけで、胸元はもちろん、ちょっと食べ過ぎたというときでも、胃のあたりが締め付けられることはありません。

洋服の場合、改まった場所へ行くときのスーツは、衿元がしっかり閉じられ、さらにネクタイが巻かれます。袖口もボタンやカフスで留められ、足は固い革靴で覆われます。改めて考えてみますと、何と窮屈なことでしょう！

着物の場合、腰の帯のほかは、胸元にも袖口にも小物をしまえるほどのゆとりがあります。風が着物の中をさわやかに通り抜けていく気持ちよさは、言葉にならないほどです。しかも、改まった席にも、そのゆとりのまま出られるというわけです。

足元についても、足袋と草履を履くだけです。開放感があるばかりでなく、通気性も抜群。あまり人に言いたくない足の悩みをお持ちの方も、これなら随分と快適なはずです。特に夏は、蒸れがちな革靴とは違い、足元から心地よい風が入ってきます。これも、着物の醍醐味の一つでしょう。

私どものお客様で、アトピー性皮膚炎の方がいらっしゃいます。洋服を中心に着ていたころは、自然素材だけで作られたもので、公の場にも着ていけるものを探すのにたいへん苦労されていたご様子ですが、着物と出合ってからは、その苦労から解放されたとおっしゃっていました。着物は全身、自然素材のみでコーディネートできますから。

健康にひと役買っているという点では、帯がコルセットの役目を果たしてくれるというのも特筆すべきことでしょう。

腰で帯を締めますと、その部分がしっかり支えられ、意識するしないに関わらず、自然に背筋がピンと伸びます。帯が支えになってくれているからです。学生時代のスポーツで腰を患ってしまった私も、日常的に着物を着るようになってからは、不思議と腰の痛みがいっさい消えました。これも、「着物マジック」の一つです。

素敵な洋服をお召しの方でも、姿勢が悪いとせっかくの洋服が台無しです。しかし、着物の場合は、否が応でも背筋が伸びて、いつでも格好よさが保たれます。ご自身の姿勢でお悩みの方にも、「着物マジック」が大いに役立つことを保証いたします。

＊自然素材……着物や長襦袢、帯などの素材は絹が主で、ほかに綿や麻など自然素材のものがほとんど。

おなかが出てきたときこそ、着物

年齢を重ねてくると、おなかが出てきたり、体型が崩れてきたりするのは仕方のないことです。洋服の場合、体の線がそのまま表に出てしまいますから、鏡に映った自分を見て、ややもするとネガティブな気持ちを持ってしまうことがあるかもしれません。日本古来の服装は、日本人の体型を熟知しながら続いてきたのでしょう。日本人の体型を美しく見せ、引き立ててくれるのが着物だったのですが、洋装が広がるにつれ、こうしたことが「ネガティブ」にとらえられるようになってしまいました。

そんなとき、着物を着てみてください。おなかの張りによって帯の収まりがよくなりますし、それでも気になるなら、羽織が隠してくれます。同じ体型の変化が、着物では「男の貫禄」に変身してしまうというわけで、「ネガティブ」どころか「ポジティブ」に考えられ、大きな自信につながるでしょう。

私の知り合いで、体型で悩みをお持ちの方がいました。パーティーの席で、スタイルのいい部下たちが颯爽とスーツを着ているのを見ると、とてもかないそうもないと自信を失いがちだったと言うのです。そこで、彼に着物をすすめたわけですが、着物を着て出席するようになって以来、部下たちから羨望の眼差しを向けられるようになったと聞きました。

私自身、今のように着物オンリーの生活になる前は、足の短さがコンプレックスでした。しかし、着物は体の線がそのまま出るということはありませんから、今ではそうしたコンプレックスを持っていることさえ忘れてしまいそうです。

それに、実は三〇年前に比べると、体重が一〇キロも増えてしまいました。洋服の場合、一〇キロも太っては同じサイズのものを着ることはできません。体型に変化がないという方でも、現実問題として、三〇年前の洋服をそのまま着るのはまず無理です。

しかし、着物の場合は、内揚《うちあ》げや脇の縫い込みで調節が可能ですから、体型に応じて着続けることができますし、形は変わりませんので、何年でも何十年経っても流行遅れということはありません。

すらりとした人が着てもサマになるのが着物です。私が親しくさせていただいている大学教授のロバート・キャンベル先生も、手足の長い体型ですが、着物を格好よく着こなしていらっしゃいます。先生の着姿を拝見すると、着物の懐の深さを改めて感じます。

＊羽織……着物の上に羽織る、着物よりも丈の短いもの。屋内でも脱がなくてよい。
内揚げ……仕立て替え、身丈直しなどのために、身ごろにあらかじめ縫い込まれた部分。

着物を着ると注目される

もし今、目の前を着物姿の男性が通り過ぎたら、誰もが「おっ」とその姿をしばらく追いかけるでしょう。そのくらい、着物姿というのは男女を問わず目を引くものです。パーティーなどに着物で出掛けますと、私のことを「あの人は誰？」と尋ねている声が聞こえます。しばらくすると、私のもとに「実は着物を着てみたいのですが、どうしたらいいのでしょう」と聞きに来てくださることもあります。

少し前に、こんなこともありました。家族でパリ旅行に出掛けたときのことです。前日に洋装で行ったレストランに、翌日、家内とともに、今度は着物姿で訪れたのです。すると、もてなしが前日とまったく異なるではありませんか！　まさか昨日も来ている客だとは、レストランのスタッフたちは思いもよらないようでした。

着物一つでこれほどまでにも違うのだと、改めて感じたひとときでした。着物姿は、大きな存在感を与えてくれるのです。

人間誰でも、人から注目されるのはうれしいものです。ましてもてなしまで変わるとあっては、特別な気持ちになることをとがめる人はいないでしょう。

注目を集めるということは、すべてを見られていることでもあります。見られているというプレッシャーはありますが、それがかえってバネとなり、見られても恥ずかしくない自分になろうという気持ちが芽生えるのです。そして、自分自身を成長させてくれる気がします。

私の尊敬する和裁師の第一人者、故・村林益子先生もおっしゃっていました。「着るということは、自己確認であり、自己表現でもある」と。

着物は、洋服以上に強い自己表現の手段なのではないでしょうか。着ているものとともに、着ている中身にも強い自己を持たせていたいと思えるようになってきます。前日以上のもてなしを受けたからには、前日以上の自分でありたいと自然に思わせてくれる着物の力は、日々、歩いている人生をも後押ししてくれるような気がします。

もう一つ、着物を着ると注目されることの延長に、女性にもてるということを特筆すべきでしょう。お客様からもよく聞いていますが、着物で出掛けますと、たいていの女性は好意的に見てくださるそうです。やはり、女性にもてるのはうれしいものです。この点からも、着物の効果は大きいと言えるでしょう。

＊村林益子……大正一四年生まれ、平成二五年没。村林流和裁学苑苑長。「日本のきものを守る会」主宰。仕立ての技法だけでなく、着物の文化についての貴重な継承者であった。

スーツ感覚で着物を着る

着物をどう着たらいいのだろう、ましてやコーディネートだなんて……。着物の世界の入口で、こんなふうに立ち止まっている方も多いでしょう。実際、「着物」と聞いた途端、特別なものとお考えになる方が多くいらっしゃいます。

そこで、声を大にして言いたいのですが、あまり堅苦しく考えることはありません。今、日常生活でスーツを着ているのとまったく同じ感覚で考えてください。着物の敷居はけっして高くはありません。

長着《ながぎ》はシャツやパンツ、羽織はジャケット、長着と羽織が同じ生地からできているアンサンブルはスーツと考えればいいでしょう。ネクタイやベルトなどの小物と同じように考えられるのが、帯や半衿、羽織ひもです。

スーツを着る前に、ネクタイの結び方などは教わったかもしれませんが、そのほか、シャツとジャケットはどう合わせるか、ネクタイはどう選ぶかなど、いちいちどなたかにご指導をお受けになったということはないはずです。

毎日の生活の中でいろいろ試して、ときには「これは失敗」ということがあったり、またときには「今日の着こなし、素敵ですね」とまわりからほめられたりといったことを繰り返し、次第に自分なりの着こなしを身に付けてこられたことでしょう。

着物も同様です。

ネクタイの結び方と同じように、帯の結び方はまずご自身で勉強されるなり、どなたかに教えてもらわないといけないでしょう。しかし、そこから先は何度も何度も着ていく中で、ここはこうしたほうがいいとわかってくるものです。

毎年春になると、新入社員はひと目で分かります。どこかスーツの着こなしにぎこちなさが感じられるからでしょう。しかし、日が経ち、夏になるころにはもう、「はて、誰が新入社員だろう」と考えるくらい馴染んでいます。

おそらく、初めて着物をお召しになったとき、ご本人もまわりのご家族も、物珍しさが手伝って、ぎこちなさを感じるかもしれません。

しかし、ご自身も周囲の人も、男の着物姿をあまり目にする機会がなかった分、思ったよりもずっと早く、あなたの着物姿が定着するはずです。どうぞ自信を持ってお召しください。

＊長着……丈の長い和服という意味で、着物自体のことを言う。

着物で季節を感じる

最近は冷暖房が整い、真冬でもコートの下は半袖という人もいるくらいですが、日本には季節があります。せっかく四季のある日本に生まれたからには、季節の変化とともに衣服の変化も楽しみたいものです。着物は、季節を感じ、春夏秋冬を楽しむにはぴったりです。

以前は季節に先駆けて素材や色を選ぶのがおしゃれとされていましたが、まだ寒い時期から無理をして薄い春物を着たりすることはないと、私自身は思っております。そのときの気候に一番合ったものをお召しになるのがいいでしょう。

着物には仕立ての違いによって、裏の付いた「袷仕立《あわせ》」と、裏の付いていない「単衣《ひとえ》仕立」とがあります。春秋冬には袷を、六月と九月は単衣を着ます。

そして、七月や八月は絽《ろ》や紗《しゃ》、麻などの涼しげな薄物を選びます。黒や濃紺などの濃い色の着物の下から白い長襦袢が透けて見える様子は、何とも涼し気で、まわりの人まで心地よい気分を味わわせてくれます。

帯や半衿も、季節によって素材を使い分けます。

一見、難しそうですが、素材の違いを味わえるのは洋服以上です。着物というと、見た目がシンプルな分、素材が豊富で、そのおもしろさにとりつかれる方も少なくありません。現に、私もその一人です。

「春の大島、冬の結城《ゆうき》」という言葉があります。薄手でさらさらした風合いの大島紬は春に、冬には真綿でふっくら織られた、温かい結城紬が適しているという意味です。

着物好きの方たちは、「シュッシュッ」という大島紬独特の衣擦《きぬず》れの音を耳にすると、「春がやって来たな」と感じます。このように、着物が季節を表すのです。

着物というと、夏は暑くないのか、冬は寒くないのかといった質問をよく受けます。しかし、そこは四季の国日本の「衣」です。夏は涼しく、冬暖かなのは、実際、お召しになれば、本当だったとお分かりいただけるはずです。

文化もさることながら、こうした、現代では忘れがちな季節感を五感で味わえるというのは、なんと贅沢なことでしょう。

＊大島紬……鹿児島県奄美大島を中心に織られる。泥染めが特徴。
結城紬……茨城県結城市を中心に織られ、真綿から紡ぐ紬糸を使っている。

いろいろな着物の楽しみ方

「祖父や父の形見の着物を着てみたいのだけれど……」。着物の世界へ入るきっかけがこのような方もたくさんいらっしゃいます。着物には流行がほとんどありませんから、お祖父さん、お父さんの着物をお召しになることは十分可能です。

ただし、昔の人と現代の人では体格も違っていますから、あまり身長が違うようなことがあれば、気軽に呉服屋に相談してください。仕立て方によっては、着用可能になることもあります。

代々伝わる着物を大切に着て、そしてまた次代へ引き渡す……。これも着物ならではの楽しみです。この着物に袖を通していたころのお祖父さん、お父さんはどんなだったのだろう、などと想像するだけでも楽しくなるでしょう。

あるいは、幼いころにお祖父さん、お父さんが袖を通していたのをぼんやりとでも記憶していれば、そのころのことを思い出すのも、またうれしいではありませんか。

リサイクルが見直される時代にあって、一枚の衣服を何世代にも渡って大切に着ていくというのは、それこそ究極のエコロジーと言えるのです。

もう一つ、着物のとっておきの楽しみは、長襦袢や羽織の裏（羽裏《はうら》）で遊べるところです。男の着物は色や柄とも落ち着いています。その分、長襦袢や羽裏に凝って、楽しんでいただくことができるのです。

腕を動かしたときにちらりと覗く長襦袢の袖口は、男の色気を感じさせてくれるところです。羽裏に至っては、「裏勝《うらまさ》り」という言葉があるように、昔の人は羽裏で大いに遊んだものでした。

江戸時代には幕府がたびたび奢侈《しゃし》禁止令を出し、表立っては派手な着物を着ることができませんでした。そのため、富裕層の町人たちは、競って羽裏に豪華な絵柄を付けたのです。「額裏《がくうら》」と呼ばれる、一枚の絵のようになっているものに人気があったようです。

遊興の席で羽織を脱いだとき、ふとかいま見られる豪華な絵柄。そんな羽裏に周囲が漏らす感嘆のため息こそ、男の誇りだったのでしょう。

現在、そのような文化はなくなったとはいえ、見えないところに心配りをするのが、ダンディズムであることに変わりはありません。

羽裏や長襦袢は、その人ならではの遊び心が表れるところです。洋服で磨かれたセンスを発揮して、それぞれの個性を活かした長襦袢を自由にお選びください。

自由に着物を着る

「着物にはたくさんの決まりごとがあって、ルールを守って着ないと笑われるのではないか……」

着物姿になることに対して、少々踏みとどまっている方は、そうしたことを密かに心配されているのではないでしょうか。

しかし、特に格式張った場面以外では、ご自分が好きなように着ていただくのがよいと思います。着物の決まりと言えば、合わせが左前になってはいけないことくらいです。それよりも、決まりごとやしきたりにこだわって、「こうしてはいけない」「ああしてはいけない」などと、着物の世界を狭くとらえてしまうことのほうが残念です。まずは、それぞれの方の自由な着こなしを少しずつ広げていかれればと思います。

最近、私どもの店でも、若い二〇代のお客様が増えてきました。若いお客様のなかには、髪を茶色や金色に染め、長髪の方もいらっしゃいます。

着物を着るときは衿足をすっきりさせたほうがいいと一般的に言われてきましたが、

このような若いお客様方にお目にかかると、長髪に着物というのも、また格好いいものだなあと感じさせられます。

また、着物の下にハイネックのシャツやセーターを合わせてお召しになれば、寒い季節など首元も暖かいですし、長襦袢に比べて洗濯も楽です。さらに、裾がすぼまった野《の》袴《ばかま》などをおはきになれば、より活動的に見えます。

このスタイルなら、洋装の部分を残しつつ、着物のよさも同時に楽しんでいただけると思います。

着物ライフが続いていくにつれて、その方ならではの雰囲気というものが、だんだんと定着されていきます。実際、色や柄の選び方、着付けた感じのフィット感、小物の合わせ方、どれをとっても、「○○さんならでは」と感じさせるのです。

着物をお召しになる方が一○○人いらっしゃったら、実際、一○○通りの自由な着方が存在すると思います。まずは、ご自分がいいな、着てみたいなと思うところから、お始めになってはいかがでしょうか。

＊左前……右の前身ごろを左の前身ごろの上に重ねることで、普通とは反対の着方。死装束のときに左前に着せる。
野袴……裾がすぼまった、カジュアルなスタイルの袴。

洋の小物と合わせて

洋装が一般化し始めた大正時代の古い写真を見ますと、着物と洋小物がバランスよく使われていることに気付きます。着物を着ている人がカンカン帽のようなものをかぶっていたり、洋ステッキを手にしていたり……。当時、「ハイカラ」と呼ばれた格好です。この写真に写っている人物がまた、とても生き生きしているのが印象的です。

時代は流れ、今は洋装が一般的になって、日常生活も洋小物なしでは成り立たなくなっています。ただ、いざ着物に合わせるとなると、使い慣れたはずの洋小物をどう扱っていいか分からなくなりがちです。

しかし、決まりは何もありません。かつてのハイカラな人たちのように、着物と洋小物を自由に組み合わせればいいと、私は思っています。普段洋装のときにご使用されている帽子をかぶってみたり、お手持ちのバッグを合わせてみたり……。

例えば、シックなものの多い男物のマフラーやスカーフは、あえて和物にするよりも、洋物のほうが着物にしっくりくる気がします。

私のお気に入りは、薄いスカーフを色違いで二枚用意し、くるくると丸めて衿元に巻く方法です。冬場にスカーフやマフラーを巻くときは、両端を懐《ふところ》に差し込むようにすると暖かく、着物姿にもぴったり合います。

着物姿のとき、手に持つのは合財袋《がっさいぶくろ》や信玄袋が中心でした。合財袋とは「一切がっさい入れる袋」という意味で、幅広い用途に使われていました。しかし、男性でも荷物が多くなった今では、とても入りきらないということがほとんどでしょう。そのような場合、普段使っていらっしゃるセカンドバッグで十分です。

仕事中着物姿でいる私も、いつも大荷物ですから、大きな革製のバッグを抱えて歩いております。これが、不思議に違和感を感じさせません。ヨーロッパのブランドバッグなども、色合いがとてもシックですから、着物によく合います。最近は、女性も着物姿に洋装用のバッグを持つ方が増えています。和装だから必ず和小物という図式はありません。

手持ちのものをうまく利用しているうちに、次第にどっぷり和に浸った小物にも興味が出てくるかもしれません。和小物をじっくり揃えるのは、着物に十分慣れてからでもけっして遅くないと思います。

＊合財袋・信玄袋……ともに、口の部分にひもが通っていて、袋状になっている。信玄袋は、武田信玄の肖像画の背景に描かれている袋物に似ているところから名付けられた。

書生風に着る、龍馬風に着る

私が日常生活でも着物を着るようになったのが二〇年ほど前からですが、最初の数年間は、スタンドカラーの白いシャツの上に着物を、そして袴を着けていました。いわゆる「書生風」という着方です。

男の着物の場合、衣紋《えもん》を抜きませんから、衿が首にぴったりと密着する状態になります。汗や脂で半衿がすぐに汚れてしまうのです。そのため以前は、半衿の付け替えをしなくて済むようにと、長襦袢の代わりに、もっぱらスタンドカラーのシャツを愛用していたというわけです。これなら、脱いだ後は洗濯機に放り込めばいいだけです。

書生風ついでにというわけではありませんが、ここに編上げブーツなどを合わせたりもして、お客様からも「こういう着方があるのですね」とよく声をかけられていました。

私は商人ということもあって白いシャツを愛用しておりましたが、グレーや黒などモノトーンのシャツになされば、いっそうおしゃれに見えます。冬場には、インバネスコート（一〇五頁参照）をこの上に合わせますと、まるでシャーロックホームズにでもなったような気分になります。

インバネスコートは、もともとイギリスで作られたもので、明治や大正のころには、洋装にも和装にも合わせられたものです。その後、洋装ではあまり着ることがなくなり、和装だけのものというイメージになりました。

しかし、最近では、インバネスコートを洋装にも合わせたいとおっしゃる方が増えて、デパートの紳士服売り場などでも扱い始めているようです。実際、私どもの店でも、冬のコートとして大変人気があります。

このほか、特に若い方たちに好まれる着方が、「龍馬風」とでも言いましょうか。あの坂本龍馬が写真で着用しているような小袴《こばかま》スタイルです。小袴は細身の袴ですから、裾さばきが抜群で活動的です。しかも、袴なのでパーティーの出席も可能です。

着物を着ていて楽しいのは、同じ着物を着ていても、合わせるものを少し替えることで、今日は○○風、明日は××風と、いろいろな着方ができることです。これは、洋服ではなかなか味わえない楽しみでしょう。着物仲間がいらっしゃれば、テーマを決めて集うのもおもしろいと思います。

＊衣紋を抜く……女性の場合は、着物の衿を後ろにやや引きぎみにして着る。

浴衣の楽しみ方

私が好きな浴衣は、藍と白を使った、古典的な柄のものです。いかにも涼し気で、高温多湿の日本の夏の辛さを癒してくれるような気がいたします。加えて、綿の浴衣を素肌に着る感触は、何とも気持ちいいものです。

数年前から、洋服感覚で選べる仕立て上がりの浴衣が増えてきました。若い方々の間でも、カップルで浴衣を着て花火大会などに出掛ける機会が増えているようです。色や柄も豊富ですし、デパートで手頃な値段で買えるようになりました。

着物の胸元がはだけてしまうとあまり見栄えのいいものではありませんが、浴衣なら、多少はだけてもおかしくないものです。この点も、気楽に着れる浴衣のよさでしょう。

着物まではなかなか……とおっしゃる方は、まずは浴衣から入り、着慣れていかれるといいと思います。ここで「着物はいいな」と興味を持ってくださった方が、一人でも多く着物の世界に入ってくだされば、とてもうれしく思います。

また、下駄も履くことで、慣れていくことができます。浴衣をお召しになったときに、履く練習をぜひなさってください。

合わせる小物は、和物である必要はありません。若い方々は普段使っているものを抵抗なく取り入れていらっしゃるようですが、その点、私たちも大いに学ぶべきと思っています。実際、鮮やかな色をしたナイロンバッグやダイバーズウオッチなどを合わせ、楽しく気こなしている方もいらっしゃいます。

何年か仕立て上がりの浴衣を着込んできたら、今度は、自分に合ったあつらえのものに挑戦してください。浴衣とはいえ、やはり、自分の体にぴったり合ったものこそが着心地もよく、着姿も美しく見せてくれますから。

帯は博多の「献上《けんじょう》」柄か「一本独鈷《いっぽんどっこ》」がしっくりきます。献上柄の帯は、どなたでも一度は目にしたことがある、縞が何本も入った帯です。また、一本独鈷は、真ん中に一本ラインが通った帯です。ともに、男らしさを際立たせてくれます。

ここにウチワをさして歩いたら、何ともいなせで粋《いき》な夏の装いになります。洋装で花火大会や祭りに出掛けるよりは、浴衣のほうが何倍も楽しいに違いありません。

浴衣は、洗うと多少縮んで短くなってきますが、くるぶしが見えるくらいに短くなっても、活動的で夏らしい印象を与えますので、あまり気にせずにお召しいただければと思います。

袴のススメ

袴姿は男らしくて格好いいばかりか、実際に身に付けてみると、角帯以上に腰板《こしいた》が腰にぴったり吸い付き、姿勢がよくなります。気持ちも自然とシャキッとするものです。「羽織袴」という言葉の響きからも伝わってくるように、袴には、正式な場に着けていくものといった重々しさがあります。ただし、袴と一口に言っても、いろいろな種類のものがあり、改まったイメージのものばかりではありません。

大きく分けると、スカート状になった「行灯袴《あんどんばかま》」とパンツ状の「馬乗り袴」とがあります。馬乗り袴は動きやすく、活動的でないという和装の弱点を払拭してくれる頼もしい存在です。

私自身、袴の活動的なところが好きで、自分で「平成袴」というものを考案しました。従来の野袴に現代のエッセンスを加え、さらに活動的にしたものです。前にはファスナーを、脇にはポケットを付けました。もはや、現代のパンツと言ってもいいくらいです。

活動的な場で重宝し、私も旅行へはこれなしに行かれなくなりました。車の運転も自転車に乗るのも快適です。

このほか、細身でストレートなシルエットの「小袴」も人気があります。実際に店に行かれて、どういう場面で着たいかを相談の上、選ばれるといいでしょう。

ただ、とても活動的で着やすい袴ですが、着物がまったく初めてという方には、残念ながらおすすめしておりません。袴はひもが多く、着にくいというのが正直なところだからです。

まずは紬や綿の着物を着、着物を着て過ごすことに十分慣れたところで、袴を用意されるのがいいと思います。せっかく着物の世界に入られても、着付け段階のひもの処置で挫折されてはもったいないですから。

袴の下には普通の長着を着ます。そのままでも構いませんが、袴の下から着物の裾が覗いてしまっては無粋ですから、袴をはく前に着物の裾をつまんで持ち上げ、角帯の下に挟み込んでおくといいでしょう。背縫いの中心あたりを挟み込んでおくと着やすく、着崩れしにくくなります。

袴の色を選ばれるときは、長着よりも少し濃いものが締まってみえます。逆に、着物を濃い色、袴をぐっと明るい色にするのもまた新鮮な気こなしになります。

＊腰板……袴に付いている板。ちょうど腰の後ろにきて、支えてくれる。

着物で出掛ける

着物を着たいとおっしゃる男性に、「着物を着たら、まずどこに行ってみたいですか？」と尋ねますと、ほとんどの方が少し悩んだあと、「結婚式やパーティー」などとお答えになります。実際、究極のおしゃれ着として選ばれるようになった着物ですから、それは喜ばしいことです。

私の場合、二〇代の頃から「晴れの席」に着ていくようになりました。そこで皆さんから「着物っていいね」と言われてすっかりその気になってしまい、先にも申し上げました通り、二〇年前からは、完全に着物だけの生活です。コンプレックスを思い起こさせるスーツは、すっぱり処分してしまいました。

ただ、いきなり着物を着てパーティーへとなりますと、食事や立ち居振る舞いのときに予想もしなかった失敗をしてしまうことがあります。私自身も、ホテルのバイキングで、たもとを大皿に盛られた料理に浸けてしまったという失敗があります。

おそらく、マナーの本などを探せば、和装の場合の立ち居振る舞いの注意点などが書かれているでしょう。ただ、本を読んでいるだけではなかなか分かりにくいものです。実際に着物を着、工夫を重ねながら、自分流のやり方で身に付けていくのが一番いいと思います。

そうしたマナーが身に付いていないのではと、初めは不安などもお持ちでしょうが、心配いりません。そのうち不安は消し飛んで、自信に変わってくるはずですから。

そのためにも、本番の前にプライベートで何度か着て街にお出掛けになることをおすすめします。そのほうが本番でも十分落ち着いて身のこなしができるでしょう。

一人で着物を着るのが気恥ずかしいとおっしゃるなら、奥様や恋人にお供をお願いしてみてはいかがでしょうか。歌舞伎や狂言、文楽など、日本の伝統芸能を観に出掛けるのに、着物はうってつけです。帯というコルセットのおかげで姿勢を保てるため、長い公演時間でも疲れることがありません。

ちょっとしたレストランに着物でお出掛けになるのもいいと思います。着物を着ていると自然と優雅な気持ちになるものです。おいしい料理やお酒を楽しみながら、ゆったりしたひとときをお過ごしになることができるでしょう。

知り合いに、着物で大学へ通っている学生さんがいらっしゃいます。立ち居振る舞いが身に付いていて優雅に見えるのには敬服させられます。着物は年齢ではないようです。

着物で集まる

何事につけ、仲間はいないよりはいたほうがいいものです。ことに、まだまだ特別な視線を向けられることの多い男性の着物仲間なら、たくさんいるほうが心強いでしょう。以前は、なかなか仲間を見つけられず、一人で着物ライフを楽しむしかないという方も多かったようですが、最近はインターネットの普及で、ネット上で着物仲間を簡単に見つけられるようになりました。

愛好家同士、着物を着て集まろうという会も多く開かれているようです。一年に数枚ぐらいしか男物の着物が売れなかった時代から思うと、感慨深いものがあります。着物を愛する皆さんそれぞれが、思い思いの楽しみを見い出しておられる様子を見るにつけ、同じく着物好きの私は、日本人に生まれてよかったと思っております。

このほか、私どものお客様の中には、お買い物にいらっしゃった方同士が店頭で出会い意気投合して、その後、着物で一緒にお出かけになっていることもあるようです。結婚式などに着物を着ていったところ、「実は私も着物ファンなんです」と声をかけられ、それ以来、お仲間になったという話もよく聞きます。

着物愛好家の方たちは、相手が着物好きと分かると、一気に垣根が取り払われることが大変多いようです。何より、着物好き同士が集まっての着物談義は、男性の着物に関してテレビや本、雑誌などで流れる情報が少ない分、時間を忘れてしまうほどの楽しさがあります。

特にサークルに入ったり、大きなイベントに参加しなくても、ご自身が着物を着てちょっと出掛けるだけでも、案外身近なところに仲間は見つかるものです。堅苦しく考えず、二人だけでも「着物で集まる会」を行ってみてはいかがでしょう。

喫茶店でコーヒーを飲む、居酒屋で酒を酌み交わすといった、普段当たり前のように行っていることも、着物を着ているというだけで、周囲の羨望の視線を感じつつ、普段とはまったく違ったものになること請け合いです。

羨望の視線を投げかけていた中の一人が、「自分も着物を着てみたいのですが」と話に加わってこられることもあるでしょう。こうして、少しずつその輪が大きくなっていくかもしれない、という喜びも秘めています。

学生時代はともかく、とかく男性は仕事仲間以外、なかなか人とつながる機会を持ちにくいものです。着物を着て集まる、これほどわかりやすい集いも珍しいことでしょう。職業や出身地などを超えて、新たな交流が生まれることを祈ってやみません。

普段から着物を着る

ここ数年の男の着物は、洋服でのおしゃれを楽しみ尽くした方々が行き着いた「究極のファッション」であると感じています。また、「和」の癒しと心地よさに気付いた方々がたどり着いた場所でもあるでしょう。

私の父親の世代は、職場へは背広で出掛けていましたが、帰宅すると丹前に着替えていました。その様子に何とも言えない男の貫禄を感じたものです。そして、実に心地よさそうでした。

早く大人になりたいと望んでいた中学生時代、父親の真似をして丹前を着ていました。少しだけでも大人の男の気分を味わってみたかったのです。実際に着てみると、背伸びをしているにもかかわらず、リラックスした気分も味わえました。

私たち日本人が、この季候のもと、畳の部屋で暮らす生活に最適な衣服は着物なのだからこそ、今までこうやって受け継いでこられたのだなどと思ったことを思い出します。

日本人の生活はずいぶん洋風化しました。しかし、こんなに変わったというのに、多くの人は家を建てるとき、畳の部屋を用意します。また、旅館では今でも浴衣と丹前が備えられています。どこかで、あの心地よさを手放すことができなかったのでしょう。

そこに気付き始めた方たちが、「和」の暮らしへ戻ってこられています。普段の暮らしに「和」の物を取り入れたいという気持ちは、多くの人々の共有するものとなったのでしょう。その最たるものが、普段に着る着物だと思います。

普段に着るならザブザブ洗える綿が一番です。また、紬も普段着にいいと思います。実際、紬好きの私は普段から紬を着ておりますが、普段着用には、綿と同じくらいの価格の機械織りのものを愛用しております。さらに袖なし羽織を組み合わせれば、寒暖の変化にも十分対応できます。

綿も紬も、着込めば着込むほど体にしっくり馴染んできます。着物は毎日袖を通すことによって丈夫さが保たれます。逆に、たんすにしまっておくのは、着物のためにもよくありません。どうぞ、普段から気軽に着ていただければと思います。

家で過ごすだけでなく、近所を散歩してみるのもいいものです。最初は道行く人たちの視線が気になってしまうでしょうが、すぐにそれが心地よいものへと変わるでしょう。

夏に涼しく、冬に暖かい着物。スーツを脱いだ普段着に、トレーナーにジャージではやや物足りない気がいたします。なかなかバラエティの乏しい男性用衣服に不満を抱かれていたおしゃれな方には、普段から着物が最適ではないかと考えます。

夫婦で着物

男の着物姿が増えるにつれ、ご夫婦揃っての着物姿を目にする機会も増えてきました。先日も、新婚旅行を兼ねてイタリアに行かれたという、三〇代のご夫婦が店にいらっしゃいました。二人が着物姿で行く場所場所に人が寄ってきて、写真を一緒に撮らせてくださいと、それはそれは賑やかだったとおっしゃっていました。

夫婦で着物を着ていると、見た目にバランスがいいだけでなく、共通の趣味を持ったナイスカップルという印象を、まわりの方々が抱いてくれます。一人で着物を着るには少し恥ずかしいという男性も、ご夫婦一緒なら心強いのではないでしょうか。

ご夫婦で買い物に来られるケースも増えており、見立て合いをされている姿はとてもほほえましいものです。洋装ではなかなか気恥ずかしいペアルックも、着物なら色味を揃えたりして、密かに楽しむことができます。

これまでご主人に内緒で着物をあつらえていたという奥様から、ご主人も着物を着るようになって、正々堂々と購入できるようになったという裏話を聞かせていただいたこともあります。

　若い方たちは、二人揃って浴衣から着物の世界へ入ってこられることが多いのですが、年配のご夫婦などは、ご主人の定年退職を機に、一緒に着物の生活に入られたという方々も少なくありません。

　ご主人が定年退職をされると、それ以降は背広を作ることがなくなってしまいます。しかし、ときには元部下の結婚式やパーティーに招待されることもあります。そんなときに何年も前の背広を着ていくのは気がひける、かと言って改めて新しい背広を作るのは……と迷ってしまうこともあるでしょう。

　このようなときにこそ、ぜひ着物を！　着物を着て出席すると、元上司の貫禄を改めて見直してもらえるという効果があります。

　こうしたことをきっかけに、着物を作られた方たちが、それだけではもったいないからと、それ以来、ご夫婦一緒で外出されるようになっているのです。

　これまで何かとすれ違いがちだったご夫婦も、今度はどこに着物を着ていこうかなどと外出や旅の予定を立てたりと、それはそれは楽しそうです。第二の人生を謳歌するきっかけが一枚の着物だったというわけです。

　着物を着始めると、歌舞伎や狂言などの伝統芸能に興味を持たれる方が多いのですが、ご夫婦揃ってまた新たな趣味が広がるのも、「夫婦で着物」の大きなメリットでしょう。

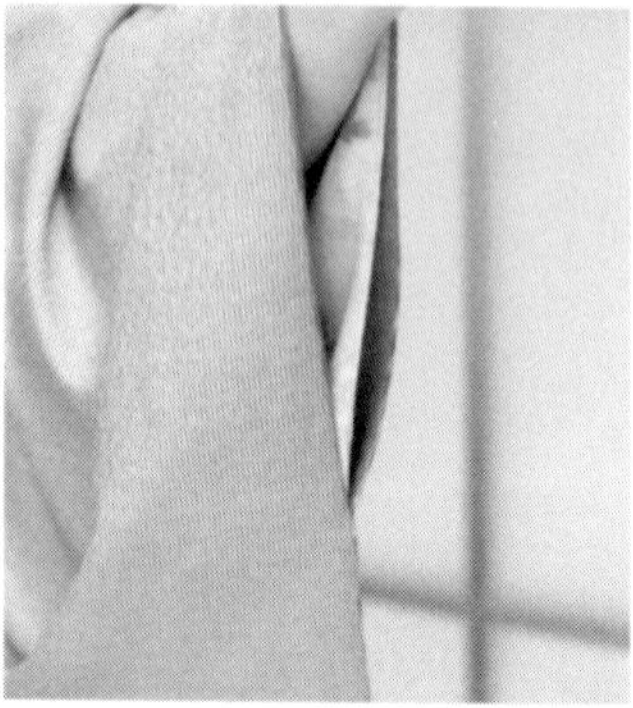

袖口から長襦袢が覗く。

男の着物も素材、色とも様々。

2章

初めて着物を買う

着物の値段

まず、最初にお断りしておきましょう。着物をお求めになるときは、通常は反物《たんもの》の値段がそのまま着物の値段ではないということを念頭に置いてください。

例えば、呉服店で八万円の反物を購入されたとしましょう。伝票にはどんどん新たな数字が加わり、ついには一三万円にまでなってしまうというわけです。こんなはずでは……と内心で思うだけならいいのですが、場合によっては、ここで予算オーバーとなり、草履まで手が回らなかったなどということもあり得ます。

こんなことを避けるためにも、呉服店で値段をお聞きになるときは、加工代込みの値段なのかどうかをまず確認なさってください。具体的には、仕立て代と湯通し代、裏地代が必要になってきます。だいたいの目安としては、別途にかかる費用は反物の代金プラス五〜七万円と考えていただければいいでしょう。

洋服の場合は、でき上がりのものをサイズが合えば購入することのほうが多いことと思います。そうした方法がすっかり身に付いていらっしゃいますと、着物を買うときに、多少違和感をお持ちになるかもしれません。

洋服も以前はオーダーメイドでしたから、生地を買い、採寸、仮縫い、本縫いという手間を経て初めて完成する、という作業の工程がわかりやすかったのです。しかし、今はブランド品といえども大量生産され、どういう手間をかけて作られているかが想像しにくくなってしまいました。

一方、一般的には仕立て上がりの着物もあるものの、着物はまさにオーダーメイドの世界です。しかも、どの工程をとっても、とても手間がかかる上に人手不足です。

例えば、和裁師さんが三日ぐらいかけて仕立ててくれたとしましょう。一カ月に仕立てられるのはせいぜい一〇枚くらいです。一枚当たりの仕立て代が数千円でしたら、和裁師さんたちは家賃も払えません。手間の割に報酬が少ない状態では、ますます職人さんが離れてしまいます。でき上がりの洋服を着慣れている方にとっては、「仕立て代を別に取るのか？」と思われる方もいらっしゃるでしょうが、着物の世界が少しでも長く続くための手はずとご理解ください。

しかし、さすがに彼らは日本が誇る職人です。実際にお召しになると、その手仕事の素晴らしさを心から実感いただけることでしょう。

＊湯通し……糊をとるため、一旦ぬるま湯に通すこと。後で縮んだりしないようにとの目的もある。そのあと、端を揃えてきれいに伸ばす。湯通しすることで、布が柔らかな風合いになる。

着物を着るために必要なもの

着物を着るのに最低限必要なものは、着物（長着《ながぎ》）、帯、長襦袢《ながじゅばん》、羽織、羽織ひも、足袋《たび》、履き物、肌着、腰ひもです。最初は綿の着物からと考えていらっしゃる場合は、羽織と羽織ひもは必要ありません。

さて、これらをどうやって調達するかです。お祖父さん、お父さんから譲り受けたものを着る場合は、自分にサイズが合うか確認し、ジャストサイズでない場合は、呉服屋に相談してお直しをすることになります。

男の着物の場合、女性物のようにおはしょりで丈の調節をすることができませんので、ご自分にぴったり合ったサイズかどうかが、格好よく着こなせるかどうかのカギになります。面倒がらずに、サイズ合わせはきちんとしていただきたいものです。

家の中を探してもそのようなものはなさそう、あるいは親戚や知人からも譲り受けられるあてがないというときは、思い切って新調することになります。

ここからは、まず、自分はどんなものをどんなふうに着てみたいかというコンセプトをお考えになる必要があるでしょう。最初は練習用としてなるべく安価なものをという場合もあれば、最初からそれなりのものを用意し、できればいろいろなところへ着て出掛けたいという場合もあると思います。もちろん、ご予算もあるでしょう。

目的やご予算によって選ぶ物がまったく異なってきますから、基本方針を定めないといけません。ここをきちんと考えておかないと、いざ呉服屋さんに行っても、相談しにくいでしょうし、漠然と品物を見ていても、何が必要なのかを見失ってしまいます。

何となく気に入ったものをちょこちょことお選びになってしまうと、いざ着たときにバランスが取れていなかったりという問題も発生します。例えば、デザインに惹かれて絹の手の込んだ帯を買ったのに、長着のほうはポリエステル製というのでは、明らかにバランスが悪過ぎます。また、着て行こうと思っていた場所があったのに、格などの点で、揃えたものではその場に行くのがふさわしくないということもあり得ます。

実際、紬《つむぎ》はとても高価なものでも普段着の扱いで、お召しなどよりも格下にランクされています。たとえ紬のほうがお召しより高額であっても、それは同じなのです。

ただし最近では、お茶席など、紬でも無地であれば差し支えないとおっしゃる先生もいらっしゃいます。

＊おはしょり……女性が着物を着る場合、腰の部分をたくし上げて着るが、その部分のことを言う。男性の着物では、おはしょりを作らない。

初めて買うなら

先日のことですが、初めて私どもの店にいらしたお客様が、「新年会に着て行きたいんだけど、どんなのを着たらいい？　友達を驚かせたいと思って」と入っていらっしゃいました。その方の好みなどをお聞きして、羽織と着物を同系色の濃淡で選び、袴をおすすめしたのですが、後日、そのお客様から、「みんなびっくりして、大モテだったよ」とお電話をいただいたのです。

このように、何をどう買っていいか分からないという方は、気軽に呉服店にご相談ください。用途や着て行きたい場所、ご予算などをお話しいただければ、ひとつひとつ丁寧に提案させていただきます。好みのものが見つかれば、仮着付というご試着をしてみて、帯などの組み合わせも決めていくのがいいでしょう。

一から始めたいという方は、普段着用に綿をお求めになるか、機械織りの紬をお求めになるのがいいでしょう。また、夏用の麻から始めていただくのもおすすめです。

綿は自宅やその周辺での散策程度に限られますが、ご家庭でも洗えるので気軽に着ていただくことができます。まずは着物に慣れたいという方向きでしょう。

紬というと、高価なものというイメージで、数百万円もするようなものもなかにはありますが、それは手織りで、しかも柄のとても緻密なものです。

しかし、同じ紬でも機械織りの場合、八万円ぐらいから市販されています。紬の着物ですと、公のパーティーなどには向きませんが、友人同士の集まりなどでは、外出着としても利用できます。着物を着てみて、周囲の視線にも慣れてみたいという方におすすめします。

もともと紬は普段着用に織られていたものですから、着やすさは抜群です。家の中でお召しになるという方にもいいでしょう。ただし、こちらは絹織物ですから、「汚し屋さん」は少し注意が必要かもしれません。

紬愛好家の作家、立原正秋さんも、「紬こそ自宅で着込んで、何度も洗い張りを重ねて風合いを出す、それから袷《あわせ》に仕立て直して外出着にする」（『随筆集　雪舞い』より）とおっしゃっています。紬を知り尽くした方のご意見ですが、こうして一枚の着物をいろいろに楽しむことができるのは大きな魅力です。そして、年を経ればまたそのときなりの楽しみ方ができるのも、着物の大きな魅力のようです。

＊洗い張り……一旦すべての縫い目をほどいてから、再び縫い合わせて一枚の反物にし、洗うこと。「解（とき）洗い」とも呼ぶ。

初心者用セット

どの呉服店にもあるわけではありませんが、手っ取り早くリーズナブルに着物一式をお揃えになりたい方には、仕立て上がりのポリエステルの着物五点セットなどで八万円ぐらいのものがあります。

これには、着物（長着）と羽織、長襦袢、角帯、羽織ひもがセットされています。サイズが合えば、入門着にはいいかもしれません。

初心者の方には、少ない付属品で着れる麻の着物や綿の着物からスタートされるのもおすすめです。麻や綿ならご家庭で洗濯できますし、値段も比較的安く済みます。

せっかく作るのだったら、ポリエステルではなく、絹など素材にもこだわりたいという場合は、選ぶものによって値段は様々です。

実際に店頭にお出向きになる前に、ホームページや雑誌などでいろいろな色や柄、素材を目にしておかれるのがいいかもしれません。

リーズナブルセット

綿の着物	7万円〜
半襦袢	4000円〜
角　帯	1万6000円〜
足　袋	3000円〜
草　履	1万6000円〜
腰ひも2本	各1000円〜
半　衿	1000円〜

スタンダードセット

紬の着物	19万8000円〜
羽　織	19万円〜
長襦袢	7万8000円〜
角　帯	3万9000円〜
足　袋	5000円〜
草　履	5万4000円〜
腰ひも2本	各1000円〜
半　衿	3000円〜
羽織ひも	1万円〜

＊「銀座もとじ　男のきもの」の場合
すべて仕立て上がりの税込価格

ワードローブ三カ年計画

まず一通り、着物一式をお揃えになったら、しばらくはそれで事足りるでしょう。しかし、日常にお召しになる場合や、毎日は着ない場合でも外出の度に着るとなりますと、コーディネート的にもう少し足したくなったり、洗い替えも欲しくなります。

とはいえ、やはり一つ一つは高価なものですから、あれもこれもというわけにはいきません。基本的には、趣の違った羽織を足し、小物を足し……と少しずつ揃えていきますが、やみくもに買い足すのは、限られた予算内では非効率です。

そこで、着物のワードローブ三カ年計画をお立てになることをおすすめします。形式はどのようなものでも構いませんが、まず、この度揃えたアイテムを書き出します。素材や色、価格なども添えておかれるといいでしょう。それから、興味のあるアイテム、素材のものをどんどん書き足していくと役立ちます。

なお、私どもの店では、左頁のような形で三カ年計画を立て、お客様におすすめしております。

STEP１＊１年目　夏の着物から始めよう

小千谷縮の着物（麻）	９万８０００円〜
夏角帯	２万９０００円〜
麻長襦袢	５万８０００円〜
または麻半襦袢	１万８０００円〜
セット価格（長襦袢）	１８万５０００円〜
セット価格（半襦袢）	１４万５０００円〜

STEP２＊２年目　袷の着物を楽しむ（10月〜５月）

紬の着物	９万８０００円〜
紬の羽織	１０万円〜
角帯	１万９０００円〜
長襦袢	７万８０００円〜
または半襦袢	４０００円〜
草　履	１万９０００円〜
羽織紐	１万円〜
セット価格（長襦袢）	３２万４０００円〜
セット価格（半襦袢）	２５万円〜

STEP３＊３年目　単衣や防寒コートを揃える

単衣着物	８万７０００円〜
紗羽織	１４万円〜
コート	９万８０００円〜
合計価格	３２万５０００円

＊「銀座もとじ　男のきもの」の場合
すべて仕立て上がりの税込価格

アンティークの着物

安価で気軽に着物を着てみたいとおっしゃる方には、アンティーク（古着）を探すというのも一つの方法です。実際、一〇〇〇円の着物や五〇〇〇円の帯といった、驚くような値段のものも確かに売られています。

ただし、体格が大きく向上した現代人、特に男性の場合には、アンティークで自分の体に合うものがすぐに見つかるとは限りません。身長がそれほど高くない方であれば、選択の幅も多少あるでしょうが、身長一七五センチ以上の男性なら、かなり根気よく探さなければならないでしょう。

ここと思ったアンティークショップをいくつか見つけておき、足繁くお通いになるといいかもしれません。なかなか物がないだけに、掘り出し物を見つけたときの喜びは大きいでしょう。また、各地の骨董市やフリーマーケット、インターネットのオークションなども利用されるといいでしょう。アンティークが持つ独特の色や柄に親しんでいくうちに、現代の着物ならではの色や柄のよさに改めて気付かされることもあるでしょう。

そういう意味では、初心者の入口は間口が広ければ広いほどいいのです。

アンティーク物をお探しになるときに気を付けていただきたいのは、まずサイズに関してです。店によってはサイズ表示をしているところもありますが、多くの場合、サイズの表示はありません。

気に入った色柄・風合いのものがあれば、必ず試着をしてみてください。自分のサイズに合っているかどうか確認することが大切です。丈は羽織ったときに床すれすれまで必要です。ひもや帯で持ち上がりますので注意してください。

また桁（背中の中心の縫い目から袖口までの長さ）は、手を四五度くらいに上げて手のくるぶしが隠れる長さを目安にしましょう。身幅は右脇縫いと褄下《つました》（一六三頁図参照）がほぼ合う広さが基準となります。現状では合わなくても、そのように直しができるかどうか店の人に聞いてみるとよいでしょう。

そして、アンティーク物といえば、着物の状態がどうであるかきちんと見極めることも大切です。思いがけず布が弱っていることもありますし、しみや汚れ、傷が付いている場合もあります。アンティーク着物を見慣れないうちは、なかなか着物の状態が分かりにくく、つい、掘り出し物と思って手を出したくなります。もし、アンティーク着物を見慣れた方が周囲にいらっしゃるようでしたら、最初のうちは同行していただくと安心です。ご一緒する中で、目を養っていくことができるでしょう。

じっくり着物を選ぶ

着物は決してお安いものではありませんので、失敗のない着物選びをしていただきたいと思います。それをサポートするのが呉服店の役目と言えるでしょう。

はじめて呉服店を訪れる際は、はっきりした目的（お茶会用や結婚式用など）がある場合は別にして、「ちょっと見せてください」「今、勉強中なのですが」などと伝え、気軽にいろいろと質問をしたりして、店の雰囲気やどのような品揃えかをご覧になるとよいでしょう。

店やスタッフの雰囲気もよく、品揃えもご自身の好みに合っていると思われたら、どのような場面で着たいと思っているかや、好きな色、ご予算などを伝えていただくと、着物選びがスムーズに進みます。

好みの品がある程度絞られたら、反物の状態でご覧になるだけでは、お召しになったイメージが分かりにくいですので、「仮着付け」をしてもらってください。洋服を購入する場合の試着に当たり、顔映りはどうかなど鏡の前で着姿を確認することがとても大切です。

このときに、帯や羽織、長襦袢、半衿の色、羽織ひもなどの小物もトータルで着装して、全体のバランスを確認していきます。こうしておくと、満足のいく、間違いのないきもの選びができることと思います。

また、男の着物は寸法がとても大切です。女性のようにおはしょりがなく、対丈ですので、特に身丈には気を付けましょう。同じ身長の方でも、体の厚みや肩の筋肉の付き方などで、丈がかなり変わってきます。

寸法を採る際に、身長とスリーサイズと裄だけですと、ちょうどいい着物が仕立て上がらない恐れもあります。見本の着物や羽織を試着して計る「着装採寸」をしている店なら安心です。店によってはさらに「仮縫い」を導入しているところもあり、素材によって適切な丈が異なる場合もあることなどを考えると、より安心感があると言えます。

着物を仕立てるときのコツ

前項でも申し上げたように、男の着物はサイズ合わせが命です。女性の着物の場合、おはしょりがあるので、多少の調節は可能ですが、男性の着物は対丈《ついたけ》で着るので、ごまかしがききません。

男の人の体格は様々です。肩幅が広かったり、肩や胸に厚みがあったり、また、おなか回りが大きかったりと、身長や体重から単純にサイズを割り出すことはできません。

着丈の目安は、足のくるぶしが隠れるくらいですが、着丈を長めにとりたい、短めにとりたいなど、お好みもあるでしょう。

着丈とともに、着物の着こなしに大きな影響を与えるのが褄下《つました》（一六五頁図参照）です。この部分が短いと、帯を締めたときに衿先《えりさき》が長く出てしまい、野暮ったく見えます。逆に長すぎると、衿先が帯の中に隠れてしまい、着崩れの原因になります。

同様に、普通は帯の下に隠れるはずの内揚《うちあ》げの線が、表に覗くようでは格好よくありません。

着物は寸法を計るだけで仕立て、仮縫いはしないというのが今までのやり方でしたが、私どもの店では必ず仮縫いを行っています。着丈、衿先などのバランスもですが、羽織の乳下《ちさ》がりの位置は実際に着てみないと、その方にとっての正確な位置が把握できません。衿下の長さと同様、乳下がりの位置が高過ぎると、いささかバランスが悪い印象を与えてしまうのです。

もう一つ、気に留めておいていただきたいのが、綿の着物を仕立てるときです。自宅で洗ったら丈が縮んでしまったというトラブルをときどき耳にします。

綿は洗うと縮むのは当然で、三丈三尺（約一二・五メートル）の反物で、なかには一尺（約三八センチ）ぐらい縮んでしまうものもあります。ですから、一度縮ませてから仕立てるのがコツです。

綿の反物を仕立ててもらうときは、「仕立てる前に水通しと手仕上げをして、できるだけ詰めておいてください」と頼んでおかれるといいと思います。

＊対丈……おはしょりを作らないで着物を着ること。
手仕上げ……一般には「テンター」という機械で布を伸ばすが、手とアイロンを使って、布を詰めること。

いい呉服店の選び方

　かつて呉服屋は、お客様のお宅に直接出入りし、その家族が冠婚葬祭から普段着まで必要な着物一切の調達を任されていました。そうした流れから、呉服店というとどうしても敷居が高いイメージがありました。

　しかし今は、呉服店の敷居はかなり低くなっています。お気軽にご相談なされば、どなたにも丁寧に対応してくれるはずです。

　相談される場合は、どのような場所に着て行きたいかということや、色の好み、ご予算などをお話しになると、初回のお買い物も間違いのないものになることと思います。

とはいえ、男物を扱っている呉服店はまだまだ少ないのが現状です。女性物の着物が多く並んでいる中の一部分に男物コーナーがある、というような具合の店がほとんどではないでしょうか。

　このように男の着物に本格的に取り組む呉服店はまだ十分とは言えませんが、ここ数年で急速に増えてきています。そして、今後もさらに男の着物の世界は広がっていくでしょう。

ただ、男性はどちらかというとシャイな生き物ですから、女性の城のようなところに乗り込んでいくには、相当の勇気がいるものです。最初の一歩がなかなか踏み出せないようでしたら、奥様や恋人、またはご友人などに一緒に行っていただくといいかもしれません。

店の様子はウインドウを覗けば、だいたいお分かりになるでしょう。呉服店のウインドウ内はほとんどが女性物ばかりかもしれませんが、センスのよさ、品物へのこだわりを見るにはそれで十分です。

スタッフの着ているものがセンスのいいものであるか、清潔感があるかも確認なさるといいでしょう。さらに、スタッフの商品知識もポイントです。商品知識が豊富なところは、買い物のアドバイスも上手なものです。こうしたことは、実際に店頭を訪れて、スタッフと話をしてみて初めて分かることです。

また、お近くに立ち寄れる店のお心当たりがない場合は、インターネットでお探しになってはいかがでしょうか。ホームページを覗いてみるだけでも、それぞれの呉服店のセンスのよしあしがお分かりになるでしょう。

これから着物を着ていこうという方にとって、呉服店は「主治医」です。いい主治医にめぐり合うためにも、複数の店を訪ねてみてください。

呉服店のスタッフとコミュニケーションを何度か取られたら、自分に合うか、次も立ち寄ってみたくなるような店かがお分かりいただけるでしょう。いい着物ライフは、いい店、そしていいスタッフとの付き合いから生まれると言っても過言ではありません。

3章

着物と小物に出合う

着物の素材

シンプルで涼しげな夏大島。

伝統的な絣だがモダンさもある白大島紬。

「綿のダイヤモンド」と言われる綿薩摩絣。

スタンダードな良さが持ち味の泥大島紬。

しぼのあるしなやかな感触の縮緬の小紋。

確かな品質であると保証された、結城紬の証紙。

格子柄が軽快な上田紬。

ふっくらと地厚な結城紬は、軽くて温かい。

上質な麻織物の宮古上布。

しなやかな風合いの風通(ふうつう)お召し。

着物に使われる素材には様々なものがありますが、着心地から言えば絹が一番です。ほかにも、綿はご家庭で洗える、ウールはしわになりにくくて暖かい、化繊はお手頃価格など、それぞれに特長があるので、ご予算や用途によって選ばれるといいでしょう。

まず絹織物で男物によく使われるのが、「お召し」です。糸染めをしてから織られているもので、足さばきがよく、着こなしやすい生地として好まれています。一方、白生地を好みの色に染めて使うものもあり、黒紋付に使われる「羽二重《はぶたえ》」が有名です。

しぼがあって光沢がなくしなやかな「縮緬《ちりめん》」や、つややかな光沢があり美しい地紋の映える「綸子《りんず》」等もあります。縞状に透け目のある「絽《ろ》」や、オーガンジーのような「紗《しゃ》」などは、透け感のある夏の絹織物としてよく知られています。以上はいずれも、礼装にも使える格の高い生地です。

同じ絹物の高級品でありながら正装には使われず、おしゃれ着、普段着として好んで着られるものに「紬《つむぎ》」があります。もともと手で紡《つむ》いだ糸で手織りにされたことからこの名が付きました。手紡ぎですから、糸に太いところと細いところがあるのが持ち味です。生地になったとき、その強弱がバランスよく出たものが上等品と言えます。丈夫で長持ちするので何代にも渡って着られ、着込むほどにしなやかさを増し、身体になじんできます。

有名なのは「結城紬《ゆうきつむぎ》」や「大島紬《おおしまつむぎ》」などで、「泥大島」と呼ばれるものは、鉄分を含んだ泥で黒褐色に染めるのが特徴です。無地のほかに、縞や格子、「十字絣《じゅうじがすり》」「亀甲絣《きっこうがすり》」などの絣柄も様々あります。

袴用の高級絹織物として知られるのが、宮城県の「仙台平《せんだいひら》」です。主に縞模様のしっかりした織物で、しわになりにくく、第一礼装用の袴として用いられます。

夏物の高級品といえば、「上布《じょうふ》」と呼ばれる上等の麻織物でしょう。有名なのは、雪《ゆき》晒《さら》しをする新潟の「越後上布《えちごじょうふ》」です。石川県の「能登上布」も有名ですし、沖縄でも「宮古上布《みやこじょうふ》」「八重山上布《やえやまじょうふ》」が作られています。さらりとした肌触りで体にまとわりつかないことから、夏物として好まれています。

しぼのある「縮《ちぢみ》」も人気の高い麻織物で、夏物の入口として「小千谷縮《おぢやちぢみ》」が好まれています。

普段着やカジュアルな装いには、冬ものなら紬や綿、夏物には綿や麻が使われます。ウールは、日常に着物を着なくなった今では、あまり見られません。

綿の織物として最高の品質を誇るのが「綿薩摩絣《めんさつまがすり》」です。私が尊敬する故・永江明夫さんが考案し創りあげたもので、「綿のダイヤモンド」と呼ばれるほど質の高いものです。その他、「片貝木綿《かたかいもめん》」「出羽木綿」も人気があります。

気軽な外出なら綿。普段着にもちょっとした外出着にもなるのが紬。お召しは外出着から、紋を付ければ略礼装まで着られます。頭に入れておかれるといいでしょう。

羽織

羽織とは着物の上に着る上着のことです。通常は、衿を外に折り返して、胸元で羽織ひもを結んで着ます。丈については、時代によって流行があるようですが、ここしばらくは、ひざ丈くらいの長めのものが流行っています。丈が長いものは、「長羽織」と呼ばれることもあります。

羽織は洋装で言うとジャケットに当たるものなので、家の中でも着たままで大丈夫です。ただし、多少くつろぐ雰囲気のときには、羽織をお脱ぎになっても構いません。羽織の裏地のことを「羽裏《はうら》」と言います。男物の羽織は、表は地味ですが裏に凝る傾向があり、羽裏には山水画などのほか、浮世絵など華やかなものもあります。また、シンプルな柄の羽裏もあり、お好みで様々に楽しめます。

袖のない羽織もあります。着流しの上や細身の袴の上に羽織るもので、普通の羽織よりややカジュアルで気楽な感じです。着流しで街歩きはちょっと砕け過ぎるけれど、かといって、羽織ではちょっと大げさというときに重宝します。

米沢お召しの羽織。羽裏もおしゃれ。

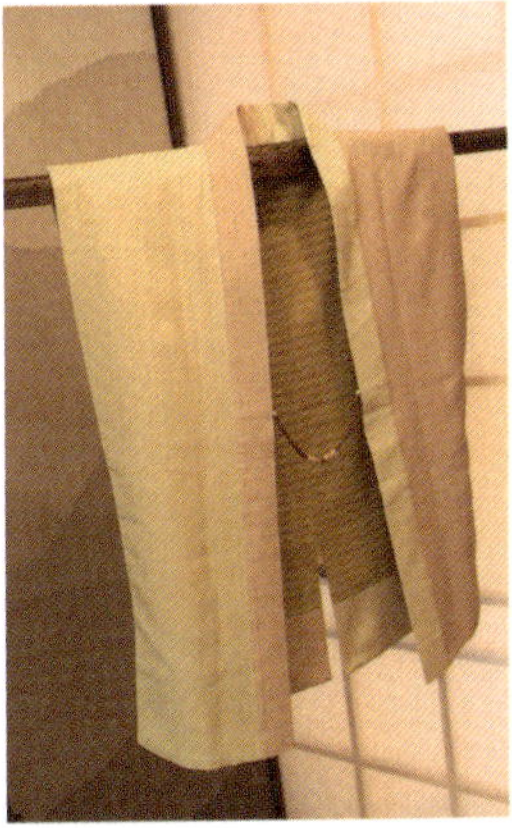

銀座の柳で染めた紬で仕立てた、袖なし羽織。

お召しの羽織。着物とのグラデーションを楽しめる。

*着流し……羽織を着ない、着物（長着）のままのスタイル。

アンサンブル

同一柄、同一品質でできた、揃いの着物と羽織全般を「アンサンブル」、または「お対《つい》」と呼んでいます。男性用の着物の生地の中には、同じ生地からアンサンブルをあつらえることができるように、はじめから二反分の長さで売られているものもあります。この二反分の長さが「一疋《いっぴき》」で、長着と羽織が同時に仕立てられます。

ただし、黒紋付や色紋付などは、揃いであってもアンサンブルと呼ぶことはあまりなく、紬やウールなど、普段着を指すことが多いようです。

素材は、着物の選び方と同じで、パーティーなど改まった場所に着て行かれるのであればお召しのアンサンブルを、街着として、また、ちょっとしたお出掛け用なら紬のアンサンブルをおすすめしております。

自宅でくつろぎ用に着る目的で値段がリーズナブルという点を優先なさりたいのであれば、お手頃紬のアンサンブルが気楽でよろしいかと思います。仕立て上がりのものもあって、手軽に利用できます。

和装のコーディネートに慣れないうちは、アンサンブルなら、取り合わせに悩むこともなく気楽にお召しになっていただけるでしょう。ごく無難にまとめたい、オーソドックスに着物を着たいとおっしゃる方が、アンサンブルを好まれるようです。

アンサンブルは、洋装のスーツとお考えいただければいいと思います。ただし、スーツの場合、ほかのパンツ、ジャケットと組み合わせても、なかなかしっくりいかないでしょう。

しかし、着物のアンサンブルでしたら、ほかの着物や羽織と組み合わせても、ぴったりきます。アンサンブルだからといって、必ず揃いで着なければならないということはないのです。特に、無地か、柄の細かい無地感覚のアンサンブルをお選びになれば、コーディネートの幅もより広がるでしょう。

とは申しましても、なおいっそう楽しみたいのであれば、着物と羽織を別々に選んだほうが、おしゃれさが断然違ってきます。

実際、以前は、初めて着物をあつらえるときはアンサンブルでという方が多くいらっしゃいましたが、最近、私どもの店では、アンサンブルよりも長着と羽織で、色違いや素材違いを楽しまれる方のほうが圧倒的に多くなっています。

＊色紋付……無地や地紋付きの生地を、黒以外の色に染め、紋を付けたもの。格の高い着物で、吉凶両用の準礼装になる。

角帯

男物の着物に締める帯のことを、まとめて「男帯《おとこおび》」と呼びます。種類の多い女物と違って、男帯は角帯《かくおび》と兵児帯《へこおび》の二種類のみです。

普段着から礼装用まで幅広く用いられるのが角帯です。幅が約九～一〇センチの硬い地のもので、長さは四～四・五メートル前後。身長や体型に応じてお選びになるといいでしょう。締めるときの折り返しの量で、長さを調節できます。

帯地には、初めから二重になるように袋状に織られたものと、二つに折って仕立てる平織りのものとがあります。素材は、普段着用の綿を始め、絹や盛夏に締める麻など様々。種類も紬や博多、綴《つづれ》、染め帯など多様です。表裏で柄が違ったリバーシブルで使えるものなどもあります。

締めやすくて緩みにくいのは正絹《しょうけん》です。ある程度芯や張りのあるもののほうが、初心者には締めやすいでしょう。最初の一本として選ぶなら、博多織りの「献上《けんじょう》」と呼ばれる独鈷《とっこ》模様のものなどが、利用範囲も広く便利です。

*正絹……混じり物のない絹のこと。

モダンアートのような
型絵染めの角帯。

オーソドックスな、
博多献上の角帯。

大島紬の角帯。
着物通によく好まれる。

兵児帯

角帯よりカジュアルな、柔らかい生地でできた扱《しご》き帯が兵児帯です。扱き帯とは、並幅の布を縫わずにそのまま扱いて締めるもので、子どもの浴衣に結ぶ、長い布のような帯を想像していただければ、お分かりになるでしょう。

ちなみに「兵児」とは、鹿児島地方で一五〜二五歳の成年男子を表す方言で、明治維新で袴に替えて軍服を着るようになった薩摩藩士の若人、つまり、兵児が刀を固定するために白生地を腰に巻いたものが由来と言われています。

「三尺帯」と呼ばれることもありますが、本来は別のものです。三尺帯と申しますと、古くは三尺の手ぬぐいを用いた短めの綿の扱き帯のことを指したものでした。後に長さに関わらず、扱き帯をそう呼ぶようになったことから、子ども用の兵児帯を指す場合もあります。

一般的な兵児帯としては、羽二重や縮緬の絞りのものを用い、そのまま胴に回して蝶結びにしたり、巻き終わりを挟み込んだりします。紬や綿の兵児帯もあり、こちらは幅広なので、三つくらいに折ったり、自然にくしゃっと丸めたりして幅を狭くして結びます。

部分的に絞りを施したものや、中には総絞りの高級なものもありますが、兵児帯は基本的にはくつろぎ着に合わせるもので、正式な場には向きません。

ただ、ちょっとした外出に兵児帯を合わせるのも格好よく、おしゃれです。「どんなときも兵児帯」という兵児帯ファンもときどきいらっしゃって、何とも粋に着こなしていらっしゃいます。

兵児帯と角帯の中間に当たる「角兵児《かくへこ》」と呼ばれる帯もあります。胴に巻き付ける部分に芯が入れられ、そのほかのところが柔らかくなっている帯です。これも兵児帯同様、くつろぎ着用と考えておかれるといいでしょう。

総絞りの兵児帯。

コーディネートを楽しむ

コーディネートにあたっては、この色とこの色は合わせてはいけないなど、組み合わせ方に決まりはまったくありません。同系色のグラデーションで組み合わせるとすっきりと決まりますし、ダークカラーの着物に明るい色の帯などと、メリハリのあるコーディネートをしても粋に見えます。

お客様で、着物や羽織、帯とも、毎回必ずかなり淡い色のものばかりでコーディネートされる方がいらっしゃいます。その方ご自身、とても柔らかな雰囲気の方で、よく似合っていらっしゃるなあと、ご来店のたびに感心しております。

逆に、濃いめの色がお好きで、全体をシックに渋くまとめているお客様もいらして、その方のキリッとしたお顔に、やはりとてもしっくり合ってらっしゃるのです。

着物、羽織、帯、半衿、羽織ひも、足袋《たび》、草履……。着物は形がシンプルなだけに、色や柄、素材など、その組み合わせでいろいろと楽しめます。しかも、その組み合わせは無限にあります。どうぞ、存分にコーディネートをお楽しみくださいい。

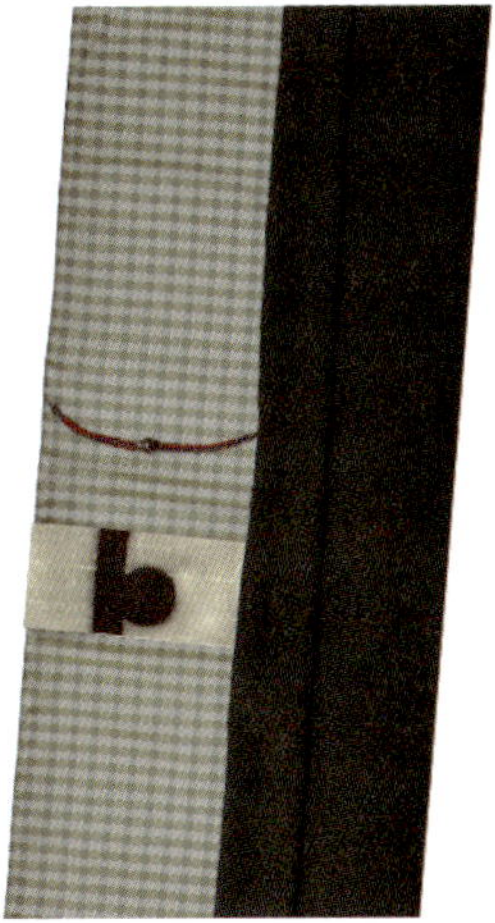

グリーン系の紬を同系色の濃い羽織で引き締めた装い。カギ穴の帯がアクセント。

シックな泥大島に上品な羽織でダンディな大人の装い。

印象的な絣柄に小紋の羽織を合わせた遊び心のある組み合わせ。

色や柄の合わせ方

以前は、グレーや紺などのダークカラーが多いスーツ姿の中に入っても、しっくり馴染むような色や柄の着物が主流でした。

今は、そのようなシックなものに加えて、色柄を楽しむ男性が増えてきています。小紋など柄のある着物や、紅型《びんがた》などの染め帯が制作されており、たいへん人気があります。ご自身のお好みでさまざまなコーディネートを楽しめる土壌が整った、と言えるのではないでしょうか。

まず帯ですが、身長の低い方は、着物と同系色のものをお選びになるといいでしょう。色味の異なるものでは、帯の部分で見た目が上下に分断されてしまい、余計低く見えてしまうからです。

一方、身長が高い方には、普通の幅のものよりも一センチぐらい広い帯をおすすめしています。普通の幅では、帯が貧弱に見えてしまうこともあるからです。

男の着物の半衿も、女性物と同様、バラエティに富んでいます。紺や茶、グレーと申しましても、濃淡はいろいろです。お選びになるときは、洋服で言うワイシャツの感覚で考えていただくといいでしょう。着物と同系色のグラデーションでまとめても格好いいですし、ぐっと明るい色や渋い色の半衿、または柄物などをもってくれば、アクセントになって目を引きます。

このように、同じ着物でも半衿を変えるだけで、ぐっと違ったものに変身してしまうほどの影響力を持ちます。この着物はあまり気に入っていないというものでも、普段、お選びにならないような半衿を合わせると、印象が一変するでしょう。

着物で申し上げますと、私自身は、無地が好きです。無地の織物はごまかしがきかず、織物としての真価が問われます。そうした作り手との緊張感も一緒に身にまとうことで、着ているこちらも凛とした気配を味わえます。また、無地の着物には、羽織を合わせやすいという利点もあります。

ほかに、柄物に合わせるなら無地など、洋服にも着物にも同じことが言えるでしょう。

＊紅型……沖縄の代表的な染物。鮮やかな色彩と文様が特徴。

長襦袢

長襦袢《ながじゅばん》は、長着のすぐ下に着る下着です。対丈《ついたけ》で仕立てますから、半襦袢と裾除《すそよ》けの組み合わせのように長さの調節ができません。そのため、袖口や裾から出ることのないよう、やや短めに仕立てます。

男物の着物は色柄ともに地味なものが一般的ですが、その分下着に凝るというのがおしゃれとされてきました。羽織の羽裏などに凝るのと同じです。実際、袖口や裾などから長襦袢がちらりと見えることがありますから、色はちょっと遊んだ感じにすると粋に見えます。柄については、幾何学模様などのシンプルなものから、背中などにかなり派手な絵柄をあしらったもの、遊び心いっぱいの色柄物など多彩です。

素材は、絹や綿、麻、化繊などがあります。綿や麻、化繊のものは、ご家庭で洗濯できますので、手入れが楽という利点があります。特に、麻の長襦袢は乾きが早いので、旅行のときに重宝します。素材によって肌触りや重さも違ってきます。お選びになるときは、実際に手に触れてお確かめになることをおすすめします。

おしゃれ心いっぱい。
銀座尽くしの長襦袢。

変わらぬ人気の鳥獣戯画。

歌舞伎役者・市川團十郎
の家紋である「三枡（み
ます）」に隈取りの長襦袢。
團十郎ファンならずとも
粋に着たい。

半襦袢・裾除け

長着と同じ対丈の長襦袢に対して、丈が腰下くらいまでの短い襦袢が半襦袢です。素材は長襦袢と同じで、絹や綿、麻、化繊などがあります。

礼装以外のときには、裾除けやステテコと合わせて長襦袢の代わりに使われます。このように、半襦袢と裾除けは、組み合わせて長襦袢のように見せるということで、「うそつき」と呼ばれることもあります。

半襦袢には、全体が襦袢地でできていて丈だけ短いもののほかに、袖がポリエステルで身ごろが晒し木綿のものもあります。ご家庭で洗濯することもでき、リーズナブルですので普段着として着物をお召しになる方は特に重宝します。

袖の部分が取り外しできる男物の半襦袢も、お召しになった後に胴の部分だけを気軽に洗うことができますから、たいへん便利です。

裾除けは、いわゆる「腰巻き」のことです。最初はスカートをはくようで、多少抵抗感があるかもしれませんが、慣れてしまえば、裾さばきもよく、とても快適です。冬場など、ステテコを着けた上から、防寒用にさらに裾除けを着けるという方もいて、いいアイデアかと思います。

裾除けの素材は絹のほか、キュプラなど化繊のものもあります。化繊のものは、気軽に洗濯できて便利です。

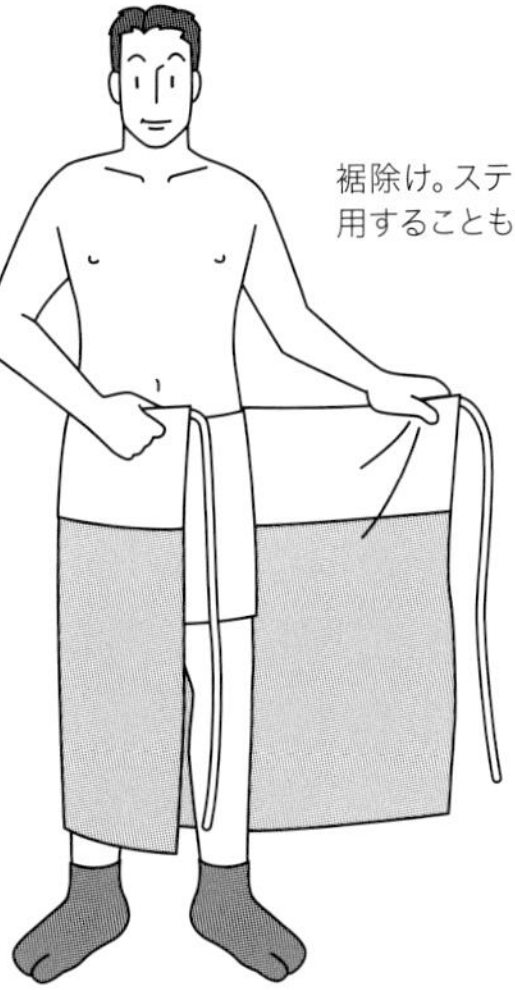

裾除け。ステテコで代用することもできる。

半襦袢。
丈は腰下くらいまで。

半衿

着物の衿の汚れを防ぎ、さらに衿元からちらりと覗くおしゃれを楽しむ装飾性を兼ね備えたものが半衿です。半衿は、着物の素材と合ったものを季節ごとに、長襦袢あるいは半襦袢の衿に軽く縫い付けて使います。

冬の袷《あわせ》には縮緬や塩瀬《しおぜ》のものを、初夏や初秋に着る単衣《ひとえ》の着物には楊柳《ようりゅう》や絽、夏の着物には絽や麻のものが涼し気です。手入れの楽な化繊のものを利用されるのもいいでしょう。

礼装などには白衿ですが、それ以外では、着物の色と相性のよい色の半衿をお付けになったほうが、おしゃれの幅が広がると思います。

男物の場合、色は黒や紺、茶、グレーなどが一般的です。無地以外に、万筋《まんすじ》や角通《かくとお》しなどの柄物もあり、衿元のポイントになります。

半衿の合わせ方には決まりがあるわけではありませんし、見えるのはほんの少しだけですから、ときには冒険されてみるのもおもしろいと思います。

「万筋」と呼ばれる細い縞のものや「角通し」など、江戸小紋の半衿。

オーソドックスな無地の半衿。シックな色が多い。

色柄や素材感が楽しめる半衿。おしゃれ着用に。

＊楊柳……表面に畝（うね）のある絹素材。

足袋

着物を着るときに、直接肌に着けるものの中で唯一すべて表に見えるのが足袋です。見た目の上でも、また、草履や雪駄《せった》などの履き物を履く上でも、必ず揃えておかなければならないものの一つです。

足袋の形はどれも同じですが、「こはぜ」と呼ばれる留具の数に違いがあります。三枚、四枚、五枚のものがあり、なかでも、四枚のものが最も一般的に普及しています。

素材は綿が主で、履き心地、扱いともに一番です。また、化繊のおしゃれな柄物なども人気があります。正装用には白足袋、ほかに夏用の単衣や麻足袋、裏地にネルを使った冬用のものなどもあります。

色は礼装や茶席などの改まった場面で着用するときのみ白を用いますが、おしゃれ着や普段着用には黒や紺、茶、グレーなど、着物に合った色を選ぶのが一般的です。

よほど特殊な大きさでなければ、呉服店のほか、デパートや和装小物を扱う店で足袋を購入できます。現在市販されているものは、たいてい靴と同じセンチ表示ですので、サイズが分からなくてお困りになることはないでしょう。ただ、一部の老舗の足袋屋では、「文《もん》」を単位として使っていることがあります。一文は約二四ミリと計算してください。

足袋はしわにならないようにぴったり履くのが粋なので、お選びになるときは、靴のサイズの五ミリ小さいものをお求めになるといいと思います。

どうしても自分に合うサイズが見つからない、あるいは、自分の足にぴったりのものを手に入れたいと思うなら、足袋専門店でオーダーも可能です。

足袋は靴下のように伸縮性の優れたものではないので、オーダーの快適さがよりはっきり現れます。また、オーダーで作ると、色や柄、素材などにかなり広がりが出ます。足袋にまで行き届いたセンスが光っているのは、しゃれ者の極みと言えましょう。

ただし、オーダーの場合、最初に個人個人の足型を作ることになりますので、五足や一〇足単位でのご注文となる点にご注意ください。

なお、新しい足袋をお履きになるときは、一度洗って、糊を落としてからになさると足に馴染み、草履をお履きになったときに滑らず、歩きやすくなります。

草履・雪駄

草履は台があり、表に革や布などを張ったもので、街着向きと言えます。雪駄は台がなく、畳などを重ねて作ってあるものです。

草履や雪駄の表は、牛革やエナメル、帆布、爬虫類の皮のもの、パナマや竹皮、籐などの植物を編んだものなどがあります。

初めて草履をお求めになるという方は、エナメルなどのオーソドックスなタイプをお選びになるといいでしょう。馬の毛を編んだホースヘアの草履も履きやすく、私のお気に入りです。また、綿を入れ込んだ、足に優しい草履も人気があります。

畳表《たたみおもて》や「からす」と呼ばれる表が黒っぽい色の雪駄も、どんな着物にも合わせやすいでしょう。ただ、初めて雪駄をお履きになる方は、滑りやすいのでご注意ください。

鼻緒は布や革のものなどがあり、お好みで選ぶことができます。鼻緒は太めのほうが足が痛くならず、快適に履けます。

サイズは、最近ではM、L等の表示のものが多くなり、それぞれ靴のサイズに対応しています。履いたとき、かかとが少しはみ出すくらいのものが歩きやすく、粋です。

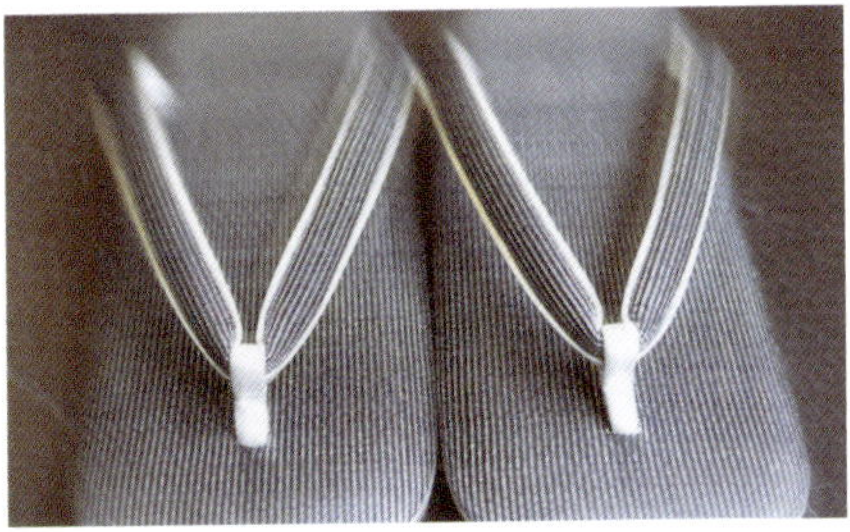
馬の尾の毛を使ったホースヘアの草履。

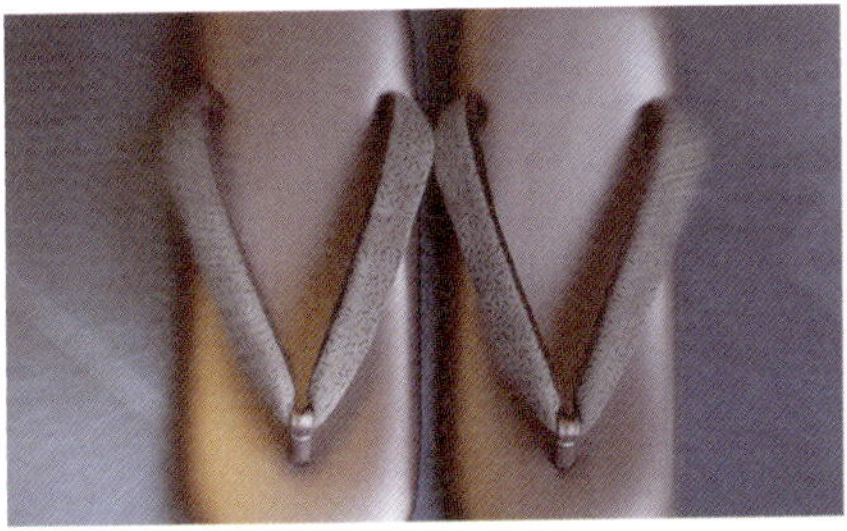
茶色のエナメルの草履。

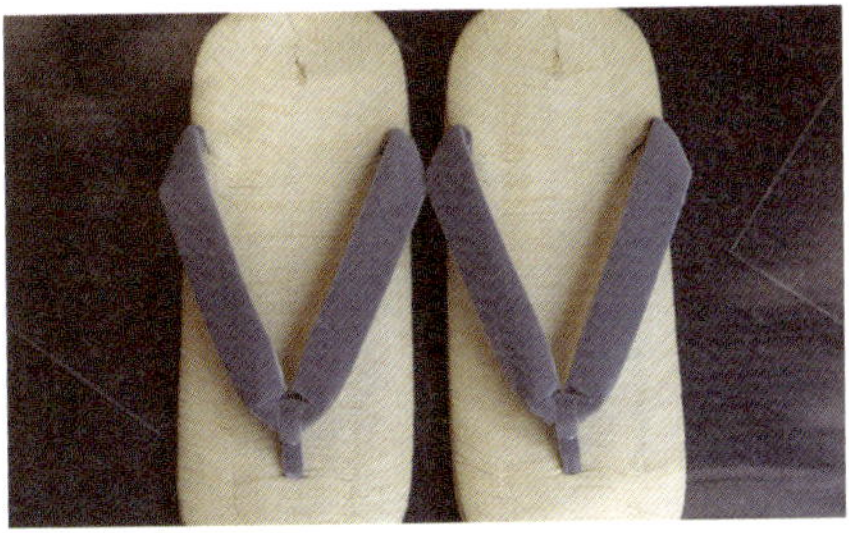
カジュアルにもフォーマルにも合わせられる、オーソドックスな畳表の雪駄。

下駄

男物の履き物の中でも、カジュアルに利用されるのが下駄で、特に浴衣に合わせる履き物です。格上の着物には合わせられませんが、同じ着流しのスタイルでも、履き物を草履から下駄に替えただけで、ぐっと砕けた印象になります。

ただし、雨のときだけは着物の格とは関係なく、雨下駄を履きます。雨下駄は、普通の下駄よりも歯が薄めで高くなっており、爪皮《つまがわ》と呼ばれるカバーを付けます。爪皮は、爪先部分にだけかぶせる革やビニール製のもので、付属のゴムを歯の部分に引っ掛けて使います。

ところで、下駄は皆同じ形のように思っていらっしゃる方が多いかもしれませんが、実は、微妙に形が違っています。最も一般的な下駄は、「大角《おおかく》」と呼ばれるもので、大きくて四角く、歯が二枚付いています。

また、関東では「のめり」あるいは「千両」、関西では「神戸」と言われるものがあります。これは前の歯が、横から見ると爪先の方へ斜めになっているものです。

ほかに、「右近《うこん》」と呼ばれるものがあり、これは底が舟形で真ん中に切れ込みが入っており、緩いカーブがついています。爪先が上がっているのも特徴です。裏がサンダルのようにゴム貼りなので歩きやすく、足が疲れることもありません。初心者におすすめと言えるでしょう。下駄の幅は細めのほうが、すっきりと粋に見えます。

素材については、桐の白木ものに人気があります。一枚板から作られたものは、柾目《まさめ》がしっかり通っていて、これが上物です。

白木のほかには、焼いて磨き、木目を際立たせた焼桐や、漆《うるし》塗りのもの、鎌倉彫りのもの、さらに、表に畳や竹、桜の皮などを貼ったものもあります。

鼻緒は様々ありますので、好みで選ぶとよいでしょう。紺や茶、グレーなどの色物もありますし、革のものもあります。下駄は裸足で履くことが多いので、自分の足に合わせて鼻緒をすげてもらうことをおすすめします。

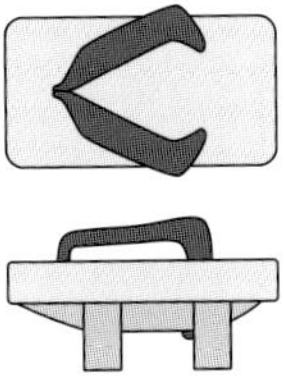
一般的な下駄、大角。

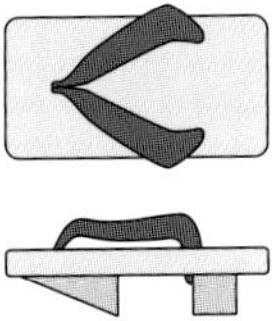
「のめり」と呼ばれる下駄は前の歯に特徴がある。

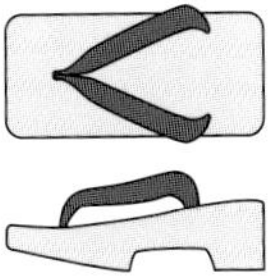
右近は歩きやすい。

羽織ひも

羽織ひもは、組ひものものがほとんどで、平打ちや丸打ちのものがあり、端に房が着いているものが一般的です。

平打ちの羽織ひもの中には、「一文字《いちもんじ》」と呼ばれる房のないものもあります。礼装用には房の大きな白の丸打ちや平打ちを用います。ほかに、石やトンボ玉などの飾りが付いたおしゃれ用のものもあります。

羽織ひもは、羽織の前衿の真ん中あたり、帯よりも少し上の位置にある「乳《ち》」と呼ばれる小さな輪になった部分に付けます。

付け方は、羽織ひもの根元の輪になった部分を乳に通し、ひもの部分をくぐらせてひもを羽織につけ、それを左右合わせて結びます。根元のひもの部分にS字型の金具を付けて、これを乳に通すだけでも使えます。

羽織を着るのに羽織ひもは欠かせませんし、おしゃれの重要なポイントになります。ネクタイ感覚でお選びください。

平打ちの羽織ひも。鮮やかな色のものは、コーディネートのアクセントになる。

天然石の付いた、「無双(むそう)」と呼ばれる羽織ひも。

丸打ちの羽織ひも。これは端に房がなく、すっきりとしているタイプ。

手ぬぐい

手ぬぐいは、ハンカチ代わりとしてだけでなく、帯の収まりをよくするために懐《ふところ》に入れたり、ちょっと物を包んだりするのに重宝します。

私も、常に着物の懐やたもとに手ぬぐいを一〜二枚入れております。綿で吸水性も抜群ですから、汗をふくのにちょうどいいですし、食事の際にひざにかければ、汚れ防止の役目も果たしてくれます。

手ぬぐいは一〇〇〇円前後と値段が張ることもありませんし、デパートなどでも簡単に手に入ります。何枚か揃えておかれるといいでしょう。

手ぬぐいの色柄は実に多種多様です。色は昔は藍染めがほとんどでしたが、今はかなりカラフルになっています。男性向きなのは、黒やグレー、紺、茶、緑、青などでしょうが、これだけでも濃淡や色の組み合わせを考えれば、バリエーションはかなりのものです。

柄はオーソドックスな縞や格子から、小紋《こもん》柄などの続き模様のほか、文字や動植物が描かれたものも多くあります。鎌と輪、ひらがなの「ぬ」が描かれた「かまわぬ」という柄は、一度はご覧になったことがあるのではないでしょうか。

さらに、相撲の決まり手が描かれたもの、手ぬぐいのかぶり方が一覧になって紹介されているものなど、遊び心のあるものも豊富に揃っています。一度、手ぬぐい専門店に足を運び、数多くの中から選んでみるのも楽しいものです。

手ぬぐいの端は、切りっぱなしになっているのが普通です。これは、手ぬぐいがいろいろなことに使われていたころの名残りで、出先で下駄の鼻緒が急に切れたときに、端を細く裂いて間に合わせに鼻緒をすげたり、怪我の手当てに使っていました。

しかし、今はそのような使い方はしませんから、私どもの店では、両端にミシンをかけ、ほつれにくくしたものをオリジナルで作っております。この手ぬぐいですと、洗濯しても端がほつれてきませんから、長くお使いいただけます。

袋もの

女性に比べて持ち歩くものの少ない男性は、スーツのときでも、財布やハンカチ、携帯電話など、必要なものをポケットに入れて手ぶらでお出掛けになる場合も多いと思います。

ただ、パンツのポケットに物をたくさん入れてしまうと、ふくらんで格好いいものではありません。しかし、着物であれば、懐《ふところ》やたもとに多少物を入れても不粋にはならず、余裕を持って収めてしまうことができます。これも、着物のメリットの一つと言えるでしょう。

ただし、和服できちんとした外出をするとなると、替えの足袋を持っていくなど、洋服のときより荷物が多くなる場合があります。このようなときに、着物に合わせるバッグで迷う方がいらっしゃるかもしれません。

洋装のバッグを着物に合わせていただければ十分ですが、和服に合わせてやはりそれらしいものをとおっしゃる方には、和装の袋ものがあります。

信玄袋や合財袋《がっさいぶくろ》、巾着といった布製の袋で、口をひもで絞って使うものです。素材は、着物地のほか革などがあり、鹿の革に漆で模様を付けた「印伝《いんでん》」などがポピュラーです。

最近ではタブレットなどを持ち歩く方も増えていますので、それに対応したバッグも製作されています。着物にも洋服にも合うバッグは大変重宝します。

風呂敷をお持ちになるというのもいいでしょう。風呂敷はサイズも様々揃っていますし、色や柄は限りなくあります。または、バッグにしのばせておいて、外出先で荷物が増えたときなど、さっと取り出して包むというのも、情緒を感じさせてくれます。

風呂敷がサマになるのも、着物ならではです。風呂敷は値段も手頃ですから、数枚揃えておかれ、気分に合わせて、色や柄を使い分けるという楽しみもあるでしょう。

印伝の信玄袋。サイズはいろいろある。和洋両用で使える便利なバッグ。

和装小物

着物に興味が出てきますと、和の小物も気になってくるものです。着物に慣れてこられたら、少しずつ揃えていかれると、さらに着物の世界が広がることを保証いたします。

扇子は、改まった服装のとき、特に袴を着けたときに帯にさし、正座であいさつするときには、自分の前に横一文字に置きます。礼装のときには、白扇を持ちます。

扇子の骨の部分は、竹や木の自然な色になっているものや塗りのもの、また、すかし模様の細工が施されたものなどがあります。地紙《じがみ》は和紙だけでなく、絹を貼ったものもあって、非常に趣があります。

時計は本来着物ではお付けにならないのが一般的ですが、不便を感じる方は、通常お使いの腕時計を付けても構いません。しかし、キラキラしたものや、金属製のハードなデザインのものは、着物にはあまり似合わないようです。

ただ、これは個人の趣味の問題ですから、好みで選んでいただいて構いません。意外な組み合わせというのも、おもしろいかもしれません。

和装に合った雰囲気のものをお望みなら、懐中時計がおすすめです。蓋があるものとないものとがあり、帯にひもや鎖を通しておかれると、落とす心配もなくお持ちになれます。時計そのものは帯にはさんで、必要なとき取り出してお使いください。

傘は普段お使いの洋傘で十分でしょう。ただ、こだわりたいとお考えであれば、柄《え》の部分が木や竹のものなどで地味な色のものをお選びになると、着物にしっくりするでしょう。

徹底して和物でまとめたい場合なら、和傘はいかがでしょうか。和傘は、竹の骨に和紙を貼り、柿渋《かきしぶ》を塗って防水加工したものです。着物に和傘をさす姿は、何とも情緒があっていいものです。普段に使うには、「蛇の目傘」と呼ばれるものが一般的です。黒などの無地に白い輪がついたもので、開いたときに蛇の目のように見えることから、この名が付けられましたが、最近では無地のものもあります。

私どもの店でおすすめしているのが小さな巾着で、着物や羽織をおあつらえになったときに余った端切れで作るものです。そこに「マイぐい飲み」を入れ、帯にぶら下げていただく提案をしております。お酒の席で、お気に入りのぐい飲みを巾着からさっと出してお酒を飲まれる様は、何とも粋で、格好いいではありませんか。

着物のとき用にとお求めになった小物も、十分洋装で使えるものがありますから、自由に合わせて、個性を出していただければと思います。

褌

下着は人様に見せるようなものではありませんから、トランクスでもブリーフでも、お好みで選んでいただいて構いません。しかし、腰の位置でひもや帯を締める和装では、あまりに穿《は》き込みが深いものですと、トイレで用を足すときに不都合ですし、着崩れの原因にもなります。

また、腰からお尻にかけては着物が体にぴったり付きますから、特に生地や色の薄い夏物の着物をお召しになるときには、表に響かないものがいいでしょう。

とことん和にこだわりたいとお考えでしたら、褌《ふんどし》はいかがでしょう。一度お試しになってもいいと思います。

一般的に、褌には長い晒《さら》し木綿《もめん》の一枚布を締める「六尺褌」と、長方形の布に結びひもがついた、前掛けのような形の「越中褌《えっちゅうふんどし》」があります。六尺褌といっても、布の長さが必ずしも六尺（二二七センチ）というわけではなく、二メートル前後のものがほとんどです。

色は白を主に、鮮やかな色のものや、手ぬぐい柄の入ったものもあります。

六尺褌の締め方にはいろいろありますが、お祭りや水泳のときなどは動いても緩まない締め方を、普段は用を足すときに困らないように、余裕のある締め方をします。いずれにせよ、締め方は慣れないと少し難しいかもしれません。

越中褌は、用尺も短く締め方も簡単なので、褌初心者におすすめです。締めるときは、後ろに布が垂れるようにして前でひもを結び、布を股にくぐらせて、後ろから前に持ってきて結んだひもに通し、余った部分を前へ垂らしておくだけです。

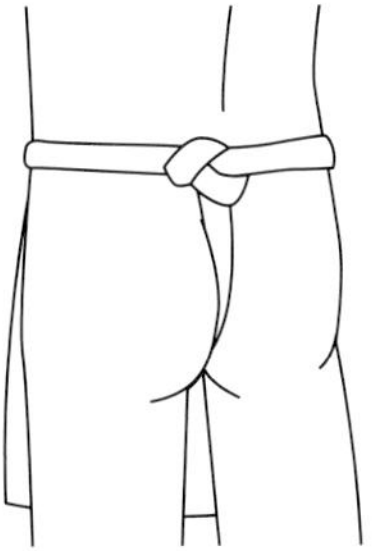

六尺褌は一枚の布を巻き付けて、褌にするので、お尻が出る。

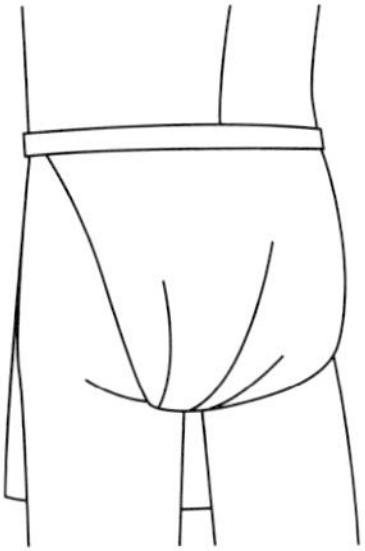

越中褌は前掛けのような形をしている。お尻も包み込むので、初心者向け。

コート

着物用のコートも様々あり、実用と同時に、存在感のある着姿を楽しめます。寒い季節の外出に着るコートとしては、以前は「角袖《かくそで》」が主流でしたが、今は「インバネスコート」や「マント」など、和洋どちらにも使えるものが人気です。

インバネスコートは、洋装のコートを模して明治時代初期に作られたものです。ひざ丈くらいの袖なしのオーバーの上に、腰くらいの丈の短めのマントが付いた形で、背の部分は一重になっている「トンビ」と、二重になっている「二重まわし」と言われるものがあります。着物の袖が自由になるので、とても快適です。ぜひ活用してみてください。

なお、絹の着物は水に弱いですから、雨が降っているときには、防水加工した生地で作られた「雨コート」を着ることをおすすめします。丈は裾まである長いものが安心です。お手頃な大島紬など水にも強い素材で作り、水をはじく加工をしておくと、雨の日はもちろん、ちり除けや軽い防寒コートにもなり、重宝します。旅行にも便利でしょう。

インバネスコートは、
スーツにも似合う。

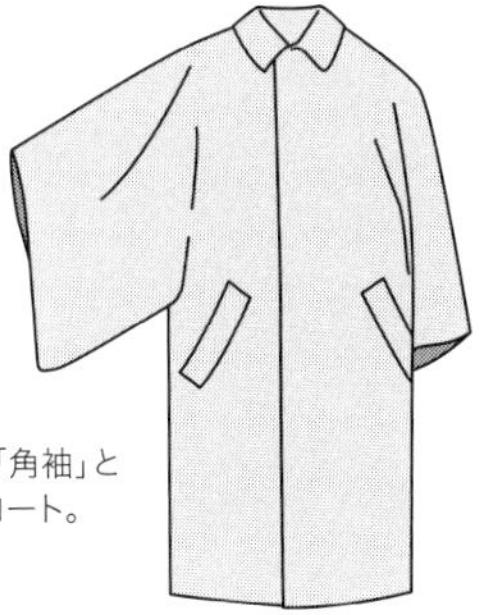

一般的な、「角袖」と
呼ばれるコート。

雨コート。裾までと、
丈が長い。

作務衣・甚平

和装の作業着に当たるのが作務衣《さむえ》や甚平《じんべい》で、手入れも簡単で価格も手頃です。和装の中では、今でもかなり広く普及しているものの一つでしょう。

作務衣はもともとお寺で僧侶が着ていたもので、日常の労作を「作務」と呼ぶことから、その名が付けられたと言われています。

労働着ですから、現代のジーンズに当たるでしょう。最近では、ジーンズと同じデニム地のものや、明るい色柄ものもあります。

作務衣は、ウエスト部分や裾をひもやゴムで絞る長ズボンと、長袖か七分袖の筒袖の上着がセットになっています。帯をせずに付属のひもを結んで着るので、サイズが合えば男女兼用で着られます。

綿でできているものがほとんどですから、家庭でも簡単に洗濯できますし、よく手でたたいてしわを伸ばしてから干せば、アイロンがけも簡単です。

ただし、洗濯する場合。本藍染めのものはかなり色が落ちますから、ほかの衣類に色が移らないよう。必ず別に洗ってください。

甚平は夏の家庭着で、今で言う短パンとTシャツといったスタイルに当たります。作務衣にも夏用のものがありますが、現代の甚平は、より短く、生地も薄くなっています。袖付けも糸を渡したかがりになっているので、通気性がよく涼しいのが特徴です。

こちらも、帯をせずに付属のひもを結ぶだけなので、着崩れることもなく、浴衣よりも楽な着心地です。

袴

今では袴姿と言って思い出すのは結婚式の新郎くらいですから、かなり改まったイメージをお持ちの方が多いでしょう。確かに袴を着けたほうが格上になるので、私自身も、パーティーに出席する場合は、着物に羽織だけではなく、必ず袴を着用しています。

袴にはいろいろな種類があり、改まったイメージのものだけでなく、おしゃれ着としてお召しいただきたいもの、作業をするときに着けていただきたいものなどもあります。

一般的には、作業着用、準礼装用、第一礼装用と分けられていますが、フォーマルに向く袴は、裾が広がった袴です。

袴には、ズボンのように中が二股に分かれている本来の袴の形をした「馬乗り袴」と、見た目は馬乗り袴とまったく同じですが中が二股に分かれておらず、ロングスカートのような形をした「行灯袴《あんどんばかま》」とがあります。卒業式に娘さんたちが着ている袴はほとんど、後者のスタイルです。

袴の素材で最も格上なのは第一礼装に着ける「仙台平《せんだいひら》」で、その他は、お召しや紬のものが一般的です。色は黒や紺、茶、グレーなど、濃いめのものから薄めのものまでさまざまあります。また、無地だけでなく、一見すると無地に見えるような細かい柄の入ったものもあります。

「小袴《こばかま》」は、あの坂本龍馬を思い起こすような、活動的な形をしています。特に若い人に人気があり、この袴を着けることで、裾さばきもよく、背筋も伸び「凛とする」という声をよく耳にします。おしゃれ着としてだけでなく、パーティー着としても十分なので、袴を最初にお求めになる方におすすめしています。

「野袴《のばかま》」や「軽衫《かるさん》」は、小袴の裾をしぼった形のもので、さらに活動的な袴です。軽衫は、基本の形も呼び名もポルトガルから伝来したもので、パンツの形です。

私どもでは、もっとカジュアルに袴を楽しんでいただくために、野袴にポケットとファスナーを付けた「平成袴」というものを作っております。

これなら車の運転も楽ですし、トイレでも困りません。また、ポケットにハンカチや携帯電話、財布なども入れることができるので重宝します。

ロングスカートのような形をした、行灯袴。馬乗り袴も見た目は同じだが、股が付いている。

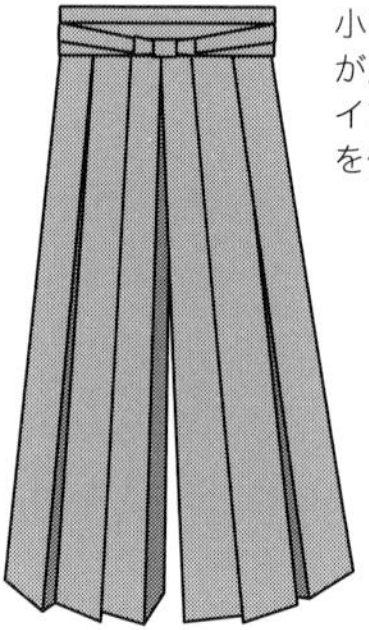

小袴。正式な袴より、裾が広がらない、細みのタイプ。ポケットファスナーを付けることもできる。

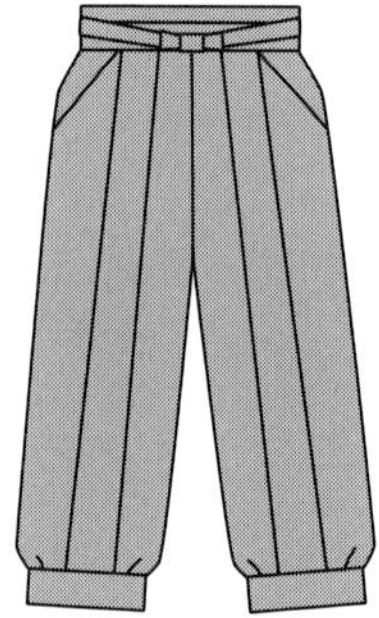

裾を絞った形の野袴。これに、ポケットとファスナーを付けたものが、「平成袴」。

4章

自分で着物を着る

肌着のこと

着物をお召しになるとき、最初に着けていただくのは肌着です。肌襦袢《はだじゅばん》とステテコ、あるいは裾除《すそよ》けを着け、その上に長襦袢を着ていただきます。肌襦袢は、一般的には綿や麻素材でできたものなので、ご家庭で十分洗濯できます。

下着は表に見えるものではありませんので、ご自身が一番快適に過ごせるものを、臨機応変に工夫されるといいと思います。

普段着ているアンダーシャツでも十分代用できます。ただし、着物の衿から下着が覗いてしまっては着姿が台無しなので、VネックやUネックのシャツなど、衿あきの広いものを選んでください。

ステテコや裾除けは太ももの汗を取り、足さばきをよくするためのもので、どちらを選ぶかは個人の好みによります。夏には白っぽい着物を着ますので、透け防止にもなります。また、汗をかいて着物にしみを付けてしまう心配もありますので、着物のためにも着けることをおすすめします。

ステテコは、ひざ下くらいの長さで幅にややゆとりのあるもので、モモヒキとは異なります。

気のおけない席に出る場合、あぐらをかいて座ったときに、着物から脚が丸見えになってしまうのはどうかと思われる方は、ステテコをおはきになったほうがいいようです。また、汗をおかきになりやすい方も着けたほうがいいでしょう。

ステテコ、裾除けとも、素材は、綿や麻、化繊などが一般的ですが、肌に優しいリネン素材のものや、アウトラストなどの機能素材のものもあり、快適にお召しいただけます。

＊リネン……亜麻の繊維を原料とする生地。さらりとしていて吸水性に優れ、丈夫。

着物を格好よく着る

和服は、直線でできている着物を凸凹のある体に合わせて着るわけですから、着こなしの差が顕著に表れます。格好よく着るには、とにかく着物を着る機会を増やして着慣れるのが一番です。

慣れないうちは着付けに多少時間がかかるかもしれませんが、着ていくうちに、長襦袢を着てから帯結びまで、五分もあれば済むようになるでしょう。

男物の着物は、女物と違って衣紋《えもん》を抜くとおかしなものですから、衿は首にぴったり付けて着ます。衿元はあまり詰めると野暮になりますし、反対に開きすぎるとだらしなく見え、品が悪くなります。

また、姿勢も大切です。着物はよく腰で着ると言われるように、腰のあたりに腰ひもや帯が締まっていますから、姿勢が悪いと所定の位置に収まりません。角帯は腰の低い位置で、背中側が高く、おなか側が下がるように締めると収まりがよくなります。

痩せている方は、着て動いているうちに、帯が上がって着崩れしやすくなりますので、懐《ふところ》に手ぬぐいをたたんだものなどを入れておくと、格好がつくでしょう。また、帯の結び目は、背中の中心から左右どちらかに少し外すと粋に見えます。

＊腰ひも……着物を着るときに使うひも。普通は帯で隠れる。着付けに慣れてくると、腰ひもは使わず、帯だけで着付けをすることも多い。

着付けが終わったら、「股割り」をしておくと、歩きやすくなる。股割りとは、両足を左右に広げて腰を落とすこと。

長襦袢の着方

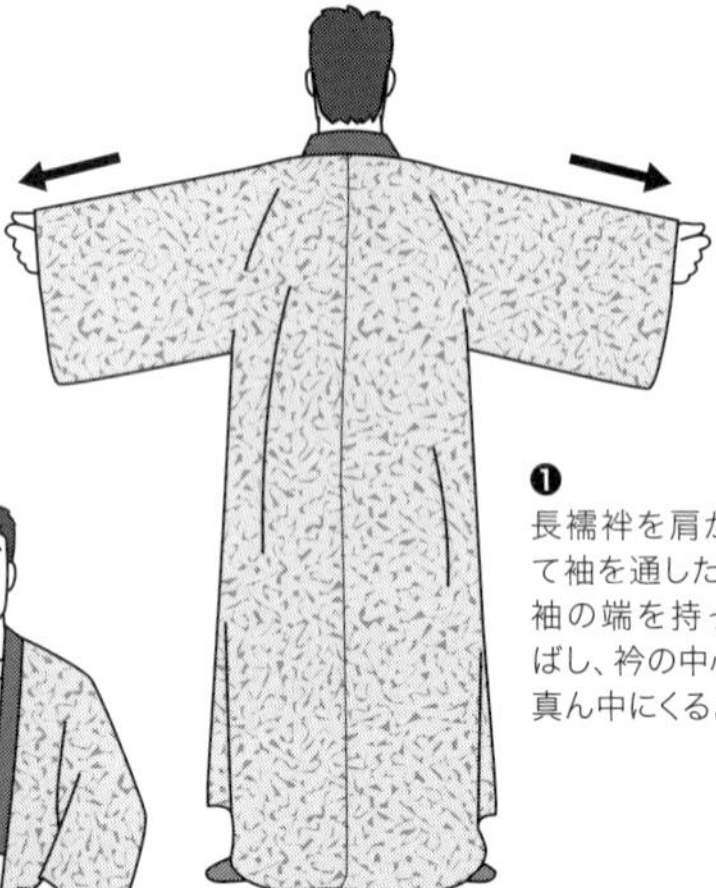

❶
長襦袢を肩から羽織って袖を通したら、両手で袖の端を持って腕を伸ばし、衿の中心が背中の真ん中にくるようにする。

❷
両手でそれぞれ左右の衿先を持ち、衿先を前に出して高さを揃える。

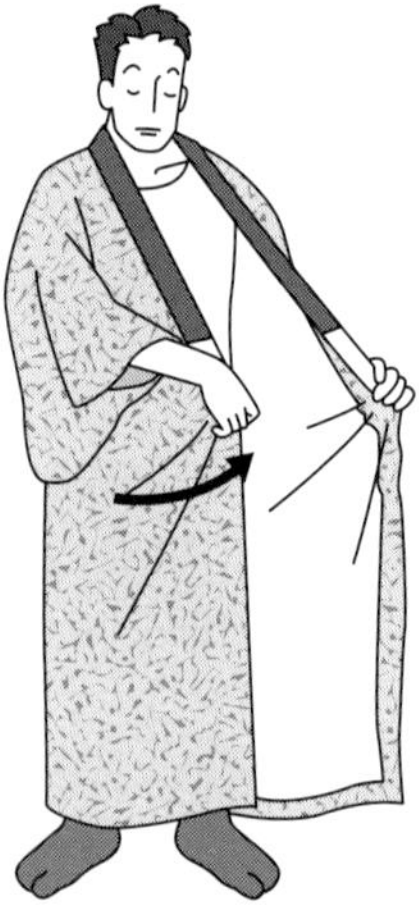

❸
右手で下前の衿先を持ち、やや引き上げる感じで、体に添わせる。このとき、衿先が左脇の腰骨のところにくるようにする。

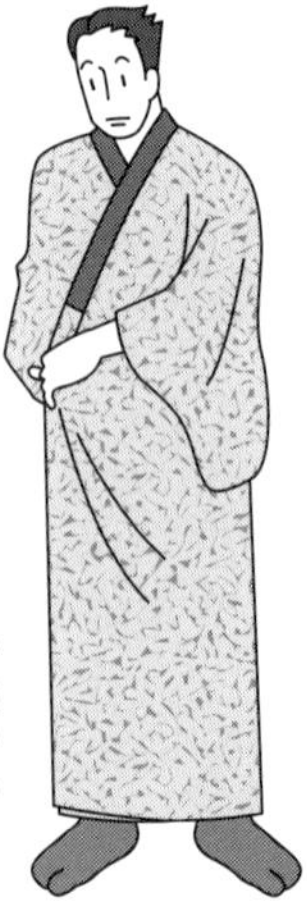

❹
同様に、左手で上前の衿先を持ち、下前の上に重ねる。このとき、上前の衿先が右の腰骨のところにくるように合わせる。

❺
右手で上前を押さえたまま腰ひもを持ち、腰骨のあたりにそわせて、左手側に伸ばす。

❻
腰ひもを２回りさせ、体の前で中心をずらして、２回からげてしっかりと締める（結ばない）。

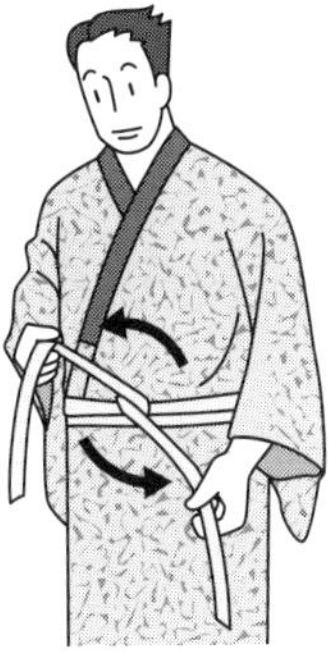

❼
腰ひもを逆側に回転させてねじる。余った腰ひもは左右に振って、ひもの端をはさみこむ。

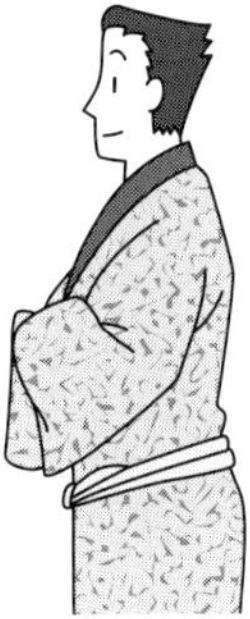

❽
完成。衿がぴったり首に付き、腰ひもの位置が、前はおへその少し下あたりに、後ろは腰の位置になっているか確認。

＊下前（したまえ）……着物を着たとき下にくる部分。
上前（うわまえ）……着物を着たとき上にくる部分。

着物の着方

❶
長襦袢の上から着物を羽織る。

❷
左右の袖をそれぞれ順に、通す。襦袢のたもとが着物のたもとに収まっているか注意する。

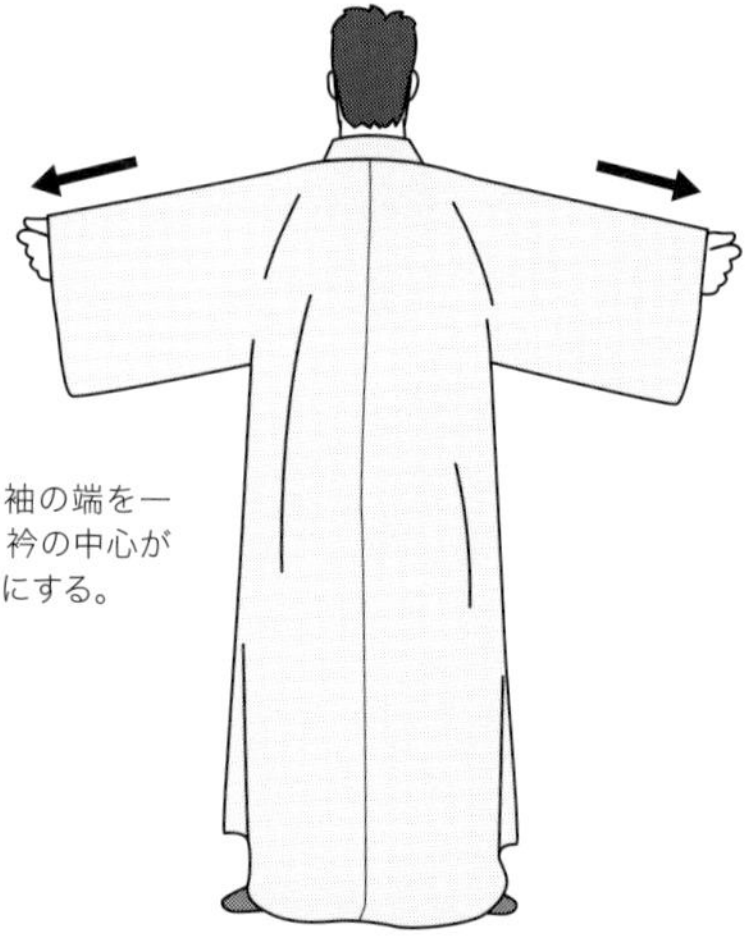

❸
両手で着物と長襦袢の袖の端を一緒に持って腕を伸ばし、衿の中心が背中の真ん中にくるようにする。

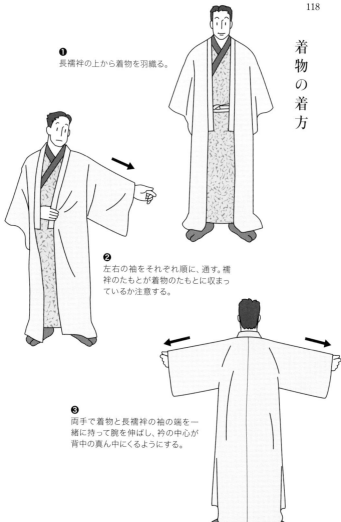

❹
両手でそれぞれ左右の衿先を持ち、
衿先を前に出して高さを揃える。

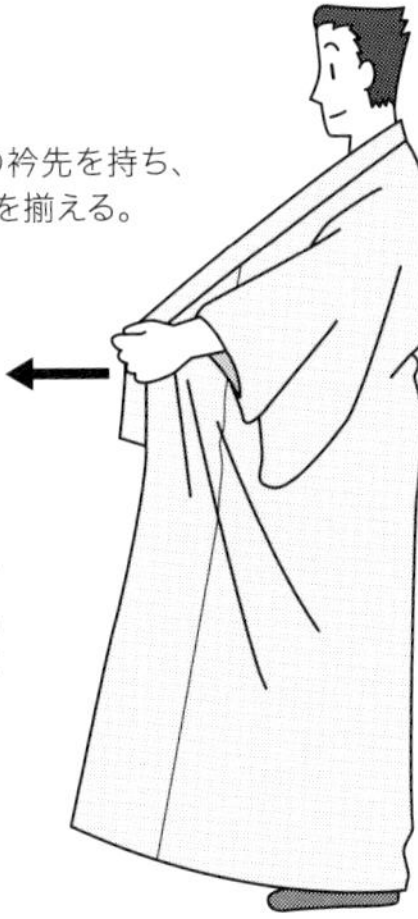

❺
右手で下前の衿先を持ち、やや引き
上げるような感じで、体に添わせる。
このとき、左手で上前を引っ張るよ
うにしておくとよい。

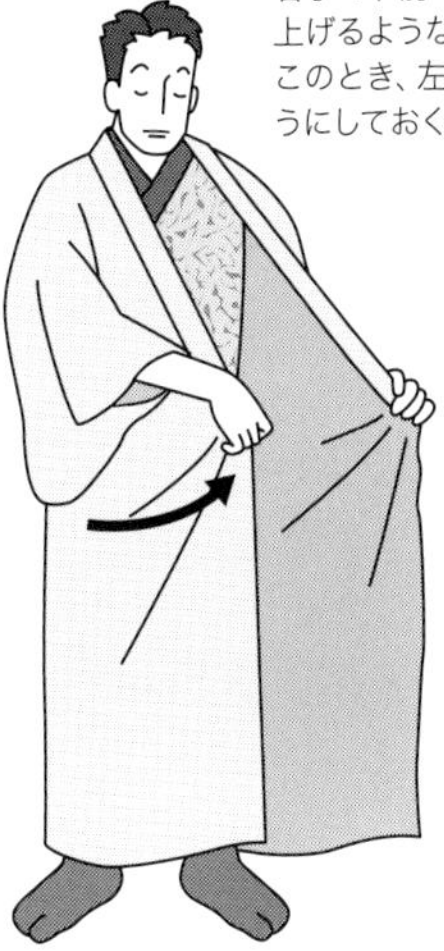

❻
裾先をやや引き上げる感じで、上前
の衿先を腰骨のあたりに重ねる。

❼
右手で上前を押さえながら、左手で着物のふくらみを下に引っ張っておくと、すっきりする。

❽
右手で上前を押さえたまま、腰ひもを持ち、腰骨のあたりにそわせて、左手側に伸ばす。

❾
長襦袢の場合と同様に、2回りさせてから、体の前で中心をずらして2回からげる。その後、逆側に回転させてねじり、ひもの端をはさみこむ。

❿
前から見たところ。裾はくるぶしのあたりに。

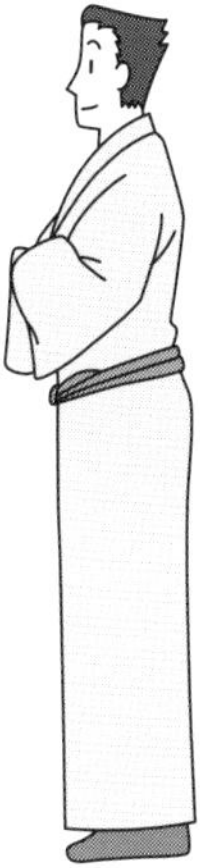

⓫
横から見たところ。腰ひもは、前下がり、後ろ上がりになっているのがよい。

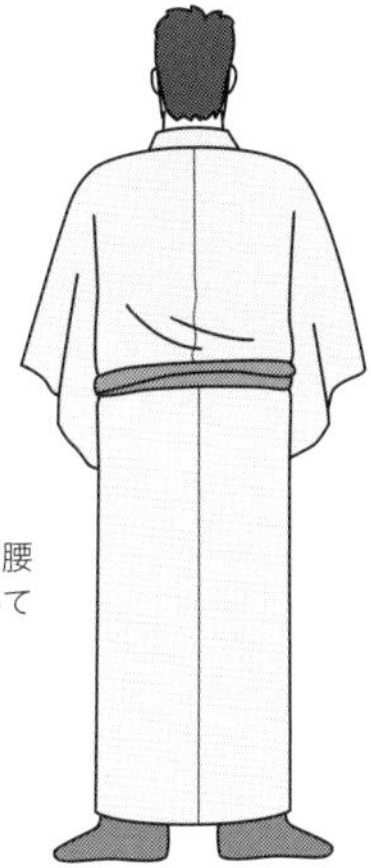

⓬
後ろから見たところ。腰から上にゆとりがあってもよい。

帯の結び方

角帯《かくおび》の結び方はいくつかありますが、「貝《かい》の口《くち》」と呼ばれるものがよく知られています。着流しなど、ちょっとくだけた装いをしたいときには、「片挟《かたばさ》み」などもよいでしょう。また、袴の下には「一文字結《いちもんじむす》び」がよいでしょう。

帯を腰に巻くとき、女物の帯は二巻きしますが、男物は三巻きします。また、帯の巻き方には、左回りに巻く「関東巻き」と、その逆の時計回りに巻く「関西巻き」があります。

角帯の場合、端の部分の帯幅を半分に折って結びます（この部分を「手先《てさき》」と呼びます）。手先の長さは結び方によって異なりますが、約二〇〜三〇センチが適当です。

兵児帯《へこおび》は、普通に蝶結びにするほか、巻いて端を挟み込むだけの「巻き挟み」もあります。「片わな結び」は蝶結びの輪を一つ作ったもので、こちらも簡単な結び方です。

帯を上手に結ぶには、何度も結んで慣れるしかありません。慣れてしまえば、ネクタイを結ぶのと同じ感覚で、あっという間に結べるようになります。

兵児帯の結び方

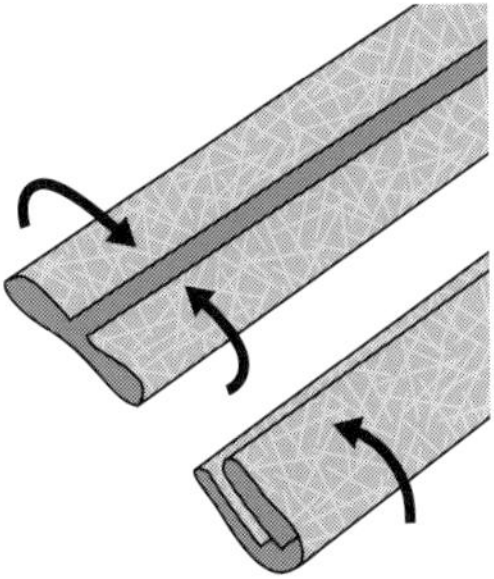

❶
兵児帯の幅に合わせて、帯を2～4つくらいに縦に折る。

❷
腰から垂らしたときに、帯の端がくるぶしの上にくるくらいに、手先の長さを決める。手先が上になるようにして、帯を2巻きか3巻きする。

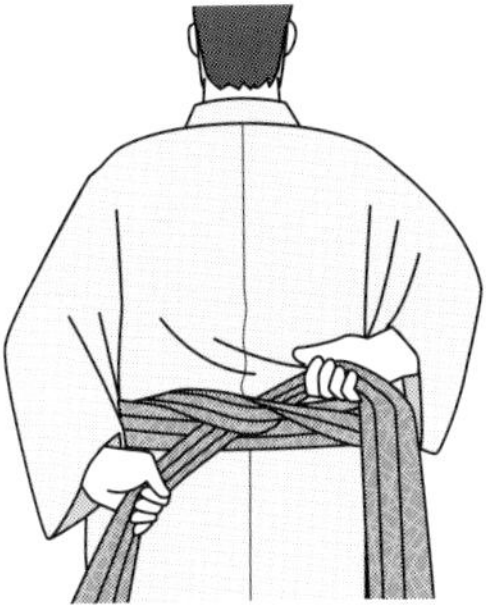

❸
背中で帯を1回結ぶ。

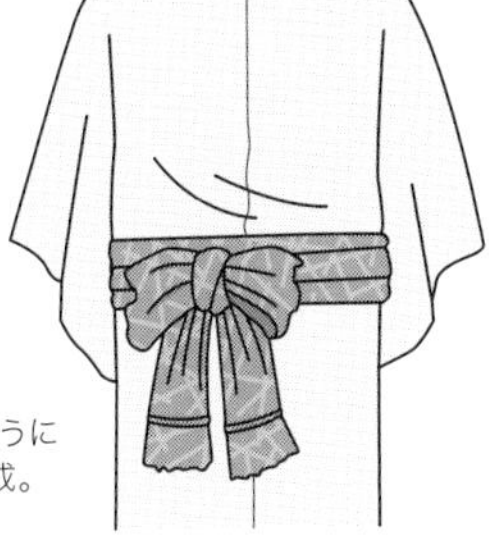

❹
左右の輪がバランスよくなるように蝶結びをしたら、形を整えて完成。

貝の口の結び方

❶
帯の片方の端を20～30センチくらいの長さまで、縦に2つに折る。これが「手先」となる（反対側は「たれ」と言う）。

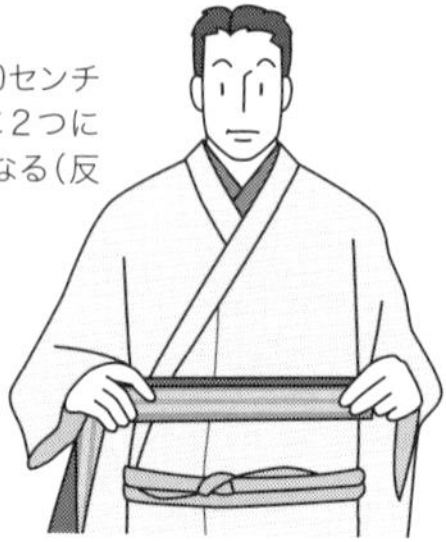

❷
輪の部分を下にして、「手先」が10センチほど余るように右手で逆手に持ち、左手で「たれ」を逆手に持って、腰骨の位置で3回巻く。

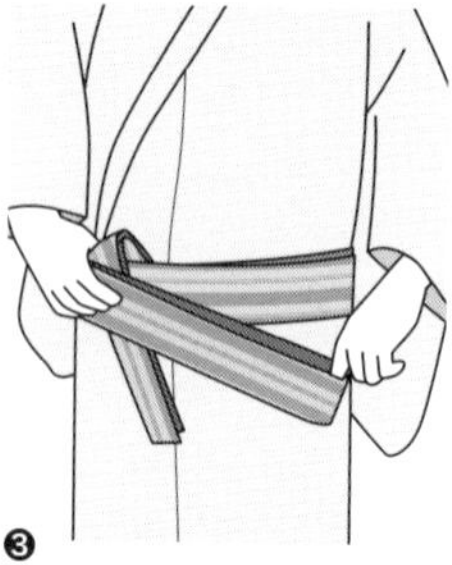

❸
帯の余った部分（たれ）を、左脇のところで内側に折り込む。

❹
「手先」を体の中心まで引き出す。

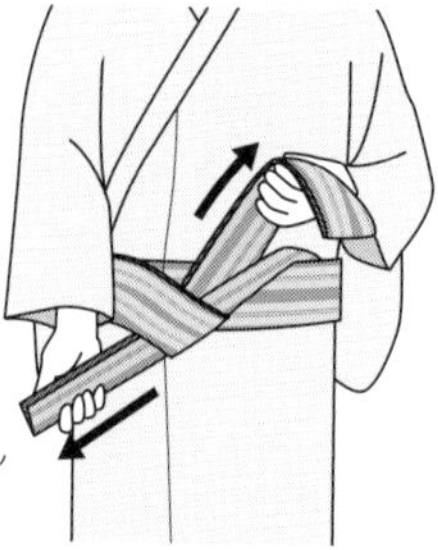

❺
「手先」を下に、「たれ」を上にして結び、斜めに締める。

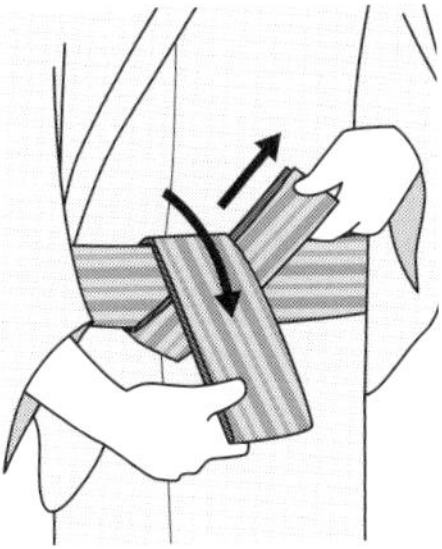

❻
「手先」を斜め上に折り上げ、「たれ」を斜め下に下ろす。

❼
「たれ」を結び目の中に入れ、形を整える。

❽
右手で結び目を、左手で背中側の帯をつかみ、衿がくずれないよう注意しながら、右回りで結び目を背中に回す。胴に巻いた帯を持ちながら、結び目を後ろに回したら完成。このとき、必ず右回しにすること。

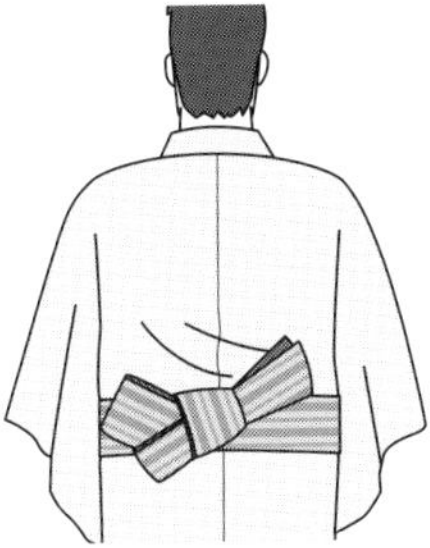

❾
中心から少しずらした位置に結び目がくるようにして、完成。

片挟みの結び方

❶
帯の片方の端を15センチくらいの長さまで、縦に2つに折る。これが「手先」となる(反対側は「たれ」と言う)。

❷
輪の部分を下にして「手先」を右脇にぴったり合わせ、腰骨の位置で3回巻く。

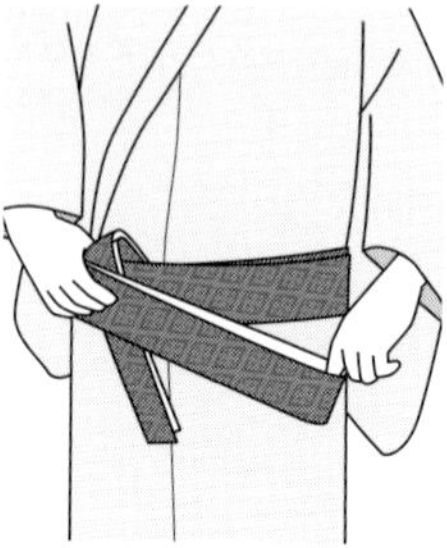

❸
帯の余った部分(たれ)を、左脇のところで内側に折り込む。

❹
「手先」を体の中心まで引き出す。

❺
「手先」を下に、「たれ」を上にして結び、斜めに締める。

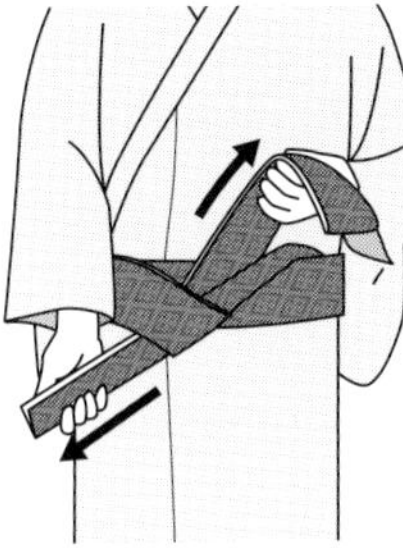

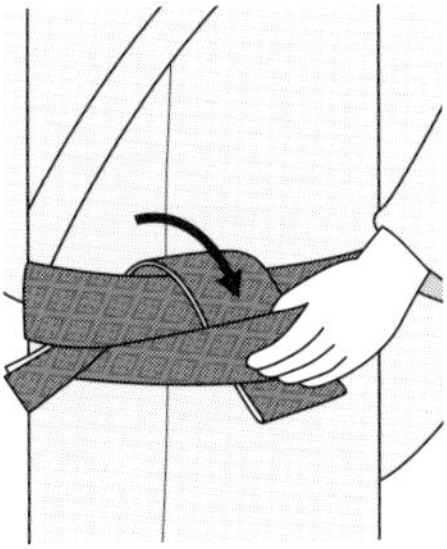

❻
胴に巻き付けた帯の1枚目の中に、「たれ」の先を入れる。

❼
「たれ」を下に引き抜いて、八の字になるように形を整える。

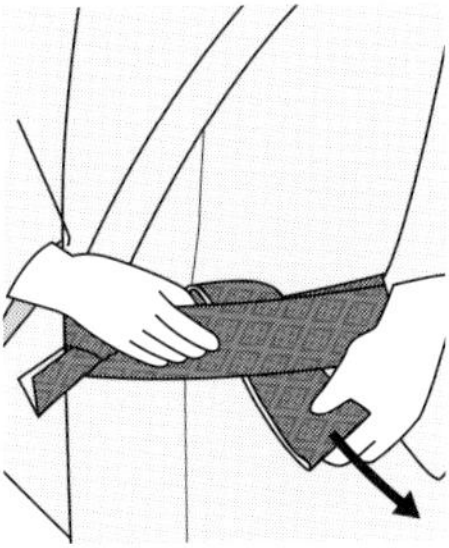

❽
右手で結び目を、左手で背中側の帯をつかみ、衿がくずれないよう注意しながら、右回りで結び目を背中に回す。

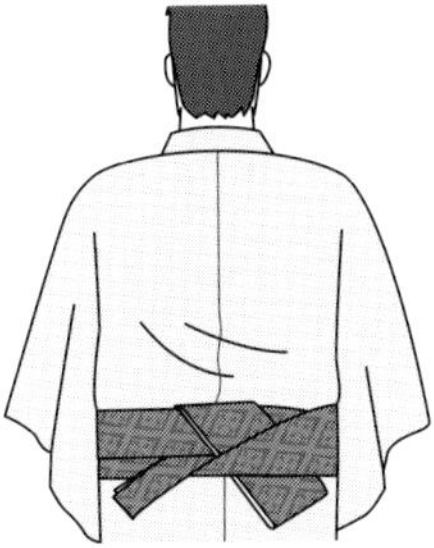

❾
背中の真ん中に結び目がくるようにして、完成。

足袋の履き方

足袋《たび》は綿でできているものが主のため、伸縮性がありません。また、草履などを履いて歩くと、体重が爪先に掛かり足が前に詰まります。そのため、爪が少し長いだけでもかなり足の指が痛むことがありますから、足の爪は短く切っておかれたほうがいいと思います。

着物を着るときには、肌着とともに最初に足袋を履いておきます。というのも、着物を着てから屈み込んで足袋を履くとなると、せっかくきれいに着付けたものも、着崩れの原因になるからです。

足袋を上手に履くためには、最初に履き口から半分くらいまでを折り返しておくのがコツです。長い靴下を履くときに、手繰り寄せておくのと理屈は同じですが、足袋はしわになるのをふせぐため、半分を外側に折り返しておきます。

そして、まず足先をきっちり収めてから、半分を返してかかとを収めます。こはぜを留めるときには、足先を伸ばさずにかかとを直角に曲げ、下から順に掛けると、比較的楽に留められます。

こはぜを留めるための掛け糸は二重になっています。足袋が緩い場合は外側の掛け糸に、きつい場合は内側の掛け糸にこはぜを掛けてください。内側に掛けてもきつい場合や長時間正座をする場合には、一番上のこはぜを掛けないでおくという方法もあります。

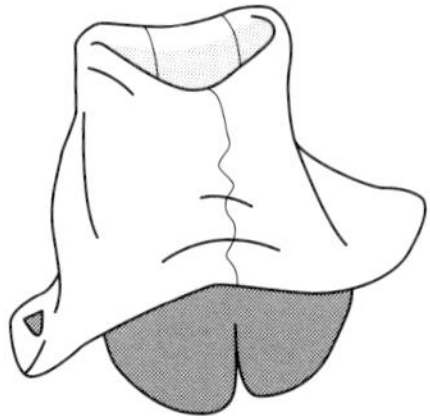

足袋は、履き口から半分くらいまでを折り返しておく。

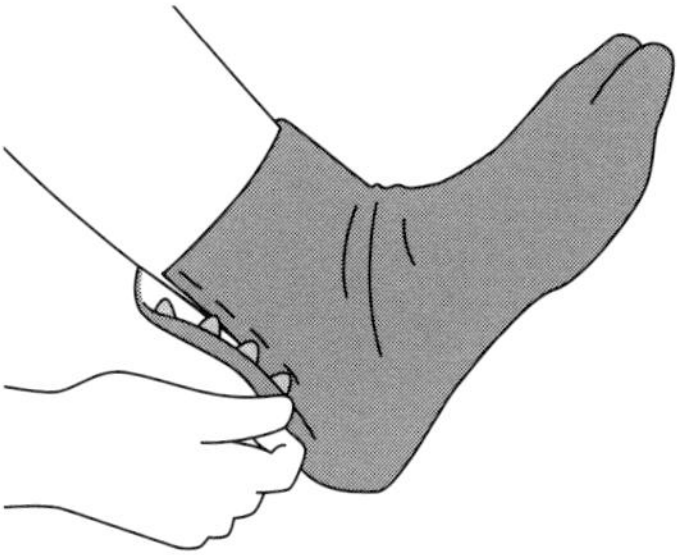

足を入れたら、下から順にこはぜを掛ける。かかとを軸にして爪先を上げた状態が掛けやすい。

羽織ひもの付け方・結び方

普段の生活で着物をお召しになる機会が減り、近頃では羽織ひもを結ばなくて済む、金具で留める羽織ひもが多用されるようになりました。

これは、あらかじめ結んであるひもの両端の輪にS字型の金具を付けて、これを羽織の乳《ち》に引っ掛けるものです。特に結びが難しい丸打ちで房の大きい礼装用のものは、この形が一般的です。

ただし、着物をよくお召しになる方は、直付けの羽織ひもを選んで、結び方で楽しんでいらっしゃる方も増えています。S字型の金具が乳に当たって切れやすいからということもありますが、ご自身で結び、また解くほうが通な雰囲気となるからです。

正式な場にも普段にも使える羽織ひもの結び方には、「丸一重結び」や「平一重結び」があります。まずはこれらを覚えておかれるとよいでしょう。くだけた結び方としては、短めの羽織ひもでする「駒結び」があります。また「蝶結び」も、歌舞伎役者が好む結び方として、おしゃれな方に人気があります。

丸一重結び

駒結び

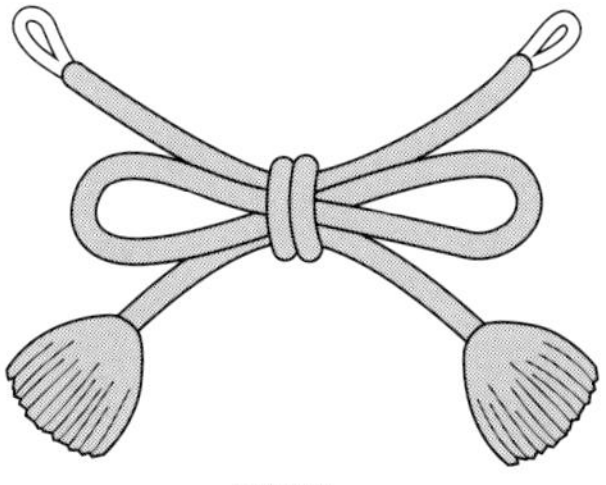

蝶結び

羽織ひもの通し方

❶
羽織の「乳」に羽織ひもの輪の部分を内側から外側に通す。

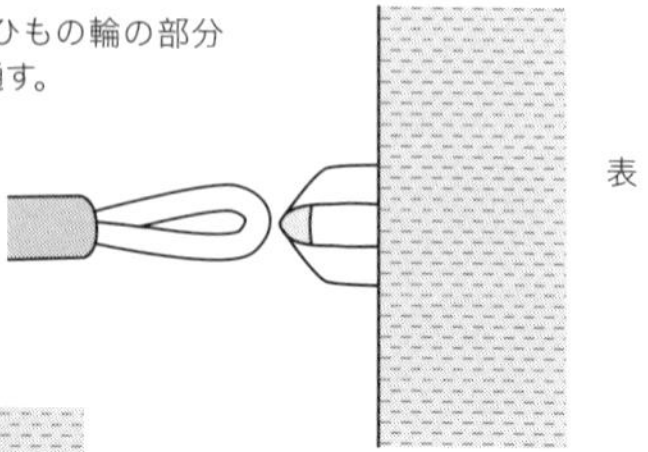

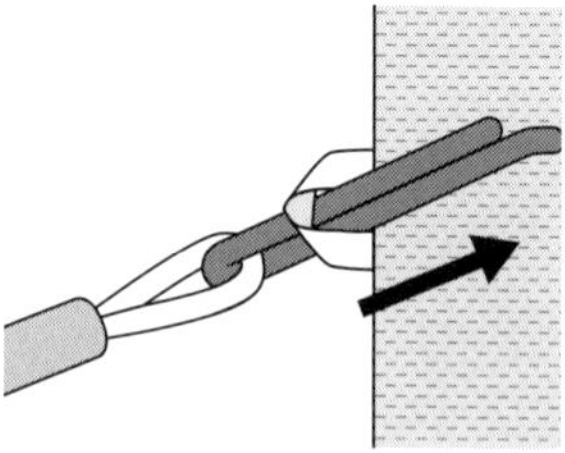

❷
ひもが通しにくいときは、ヘアピンなどを使うとよい。

❸
輪を広げて、ひもの先端を通す。

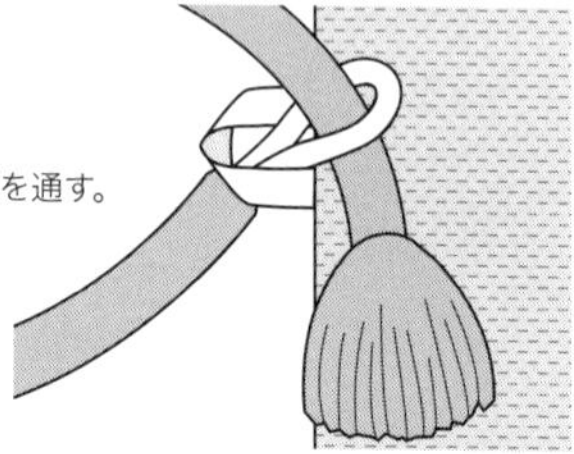

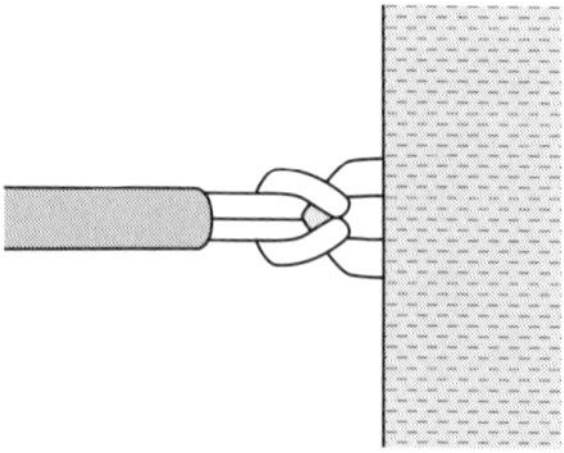

❹
ひもを引っ張って完成。

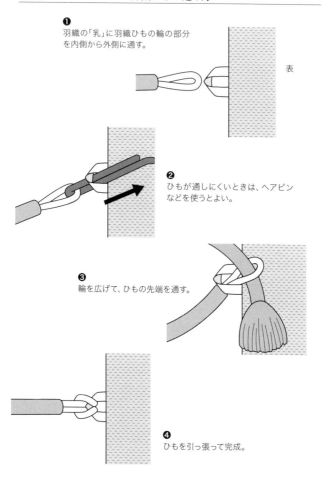

丸一重結びの結び方

❶
羽織ひもの両端を揃えて持つ。

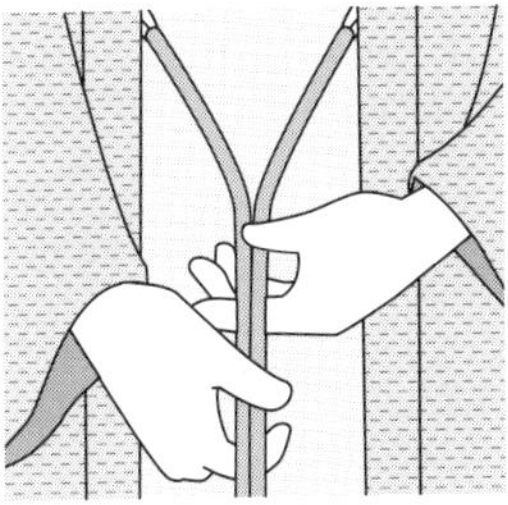

❷
2本のひもを重ねたまま、輪を作る。

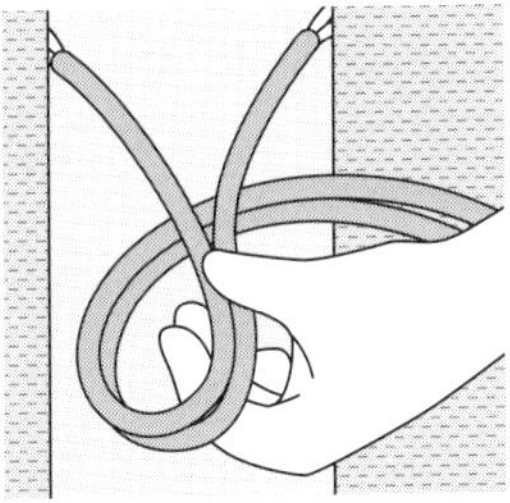

❸
輪の中に、房側のひもを重ねて入れる。

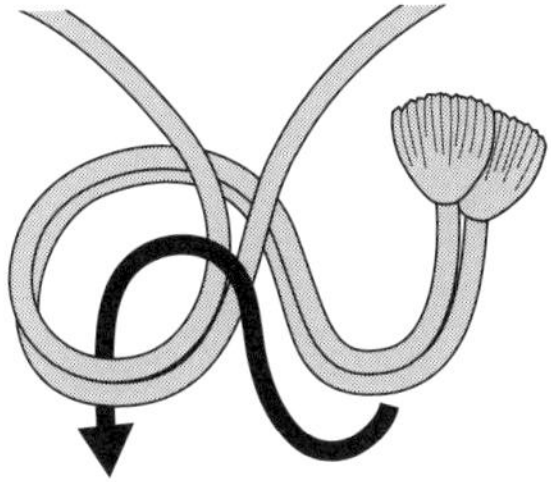

❹
輪を締めながら形を作る。

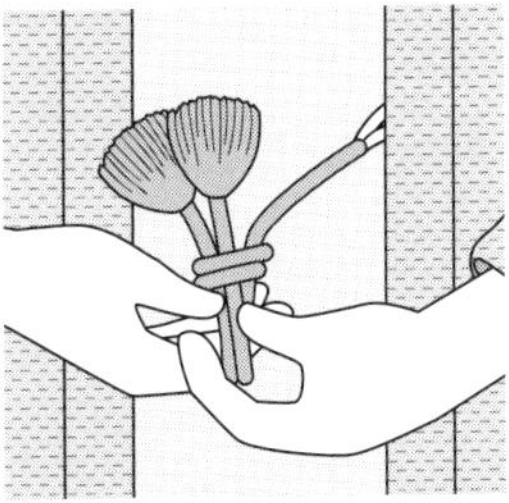

❺
下に出たひもを引いて、ひもの元を開き、形を整えれば完成。

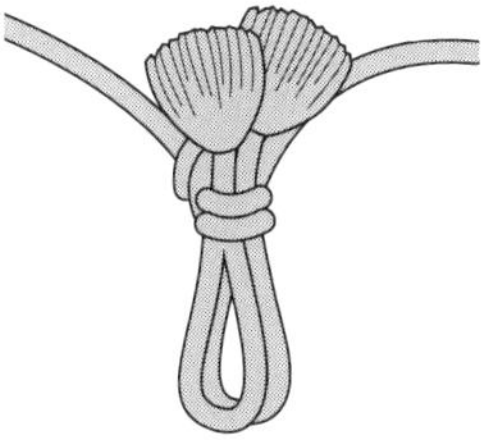

❻
解くときは、房を持って、引き上げる。

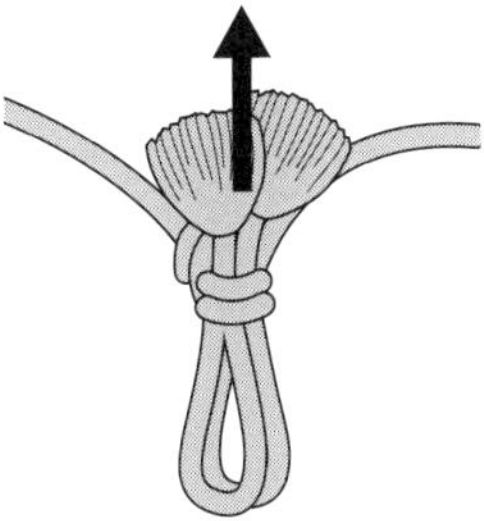

着物のたたみ方

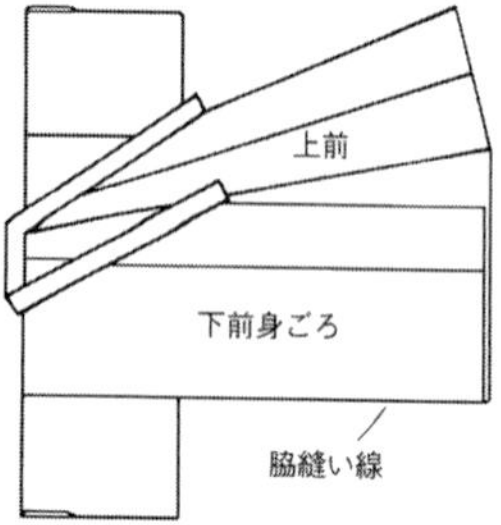

❶
衿を左にして着物を広げ、手前の脇縫い線から下前身ごろを折る。上前は上のほうに広げておく。

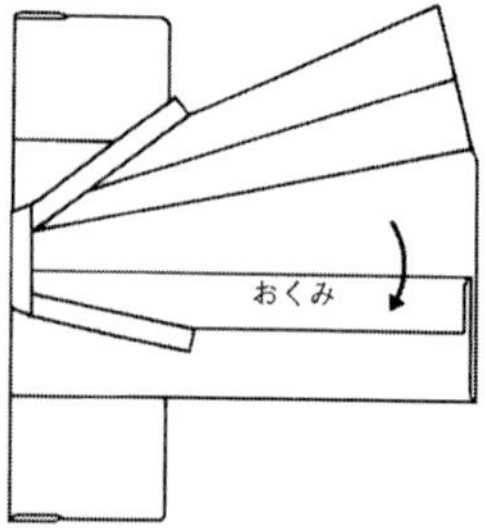

❷
おくみを手前に折る。

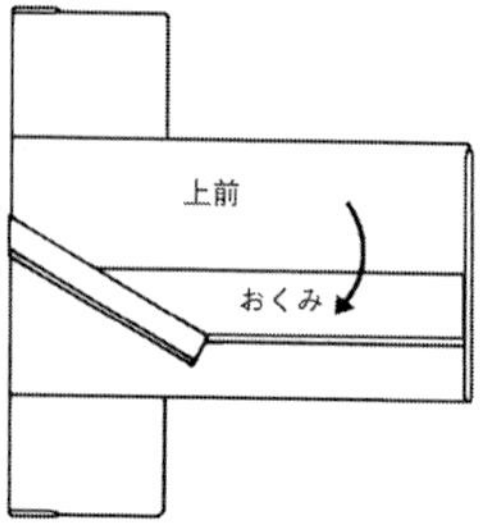

❸
上前を手前に持ってきて、下前に重ねる。このとき、下前の衿とおくみを合わせる。

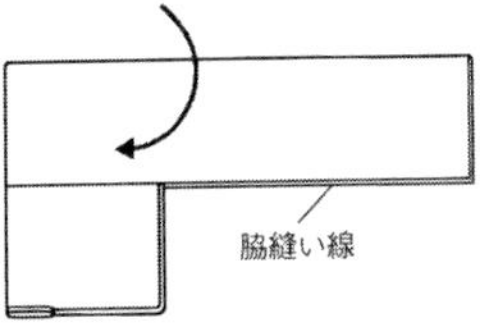

❹
上前の脇縫い線を持って、下前の脇縫い線に合わせる。ちょうど縦半分に折る感じになる。

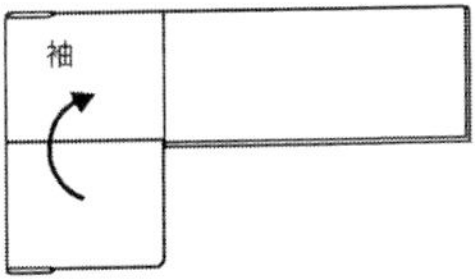

❺
上側の袖を身ごろのほうに折る。

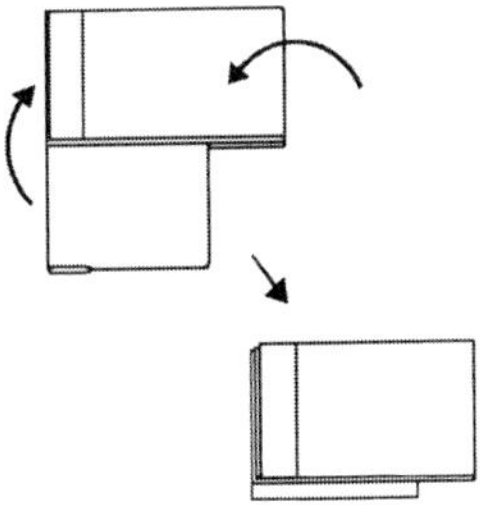

❻
裾を持って半分に折り、右袖をたたんだ着物の下に入れて、完成。

羽織のたたみ方

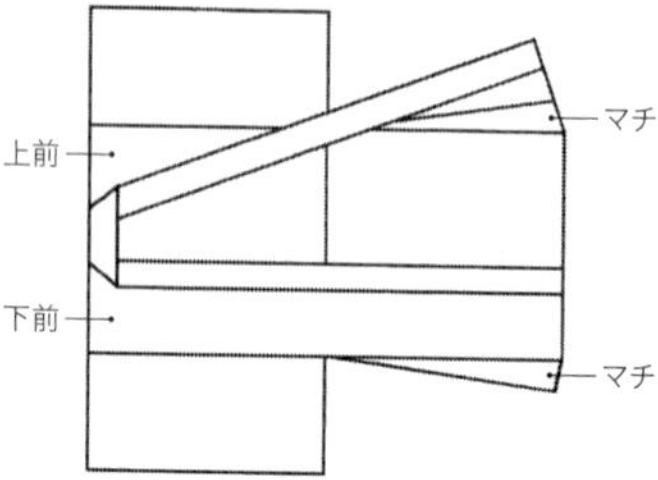

❶
裾を右にして羽織を広げる。下前(右側)はマチ(前身ごろと後身ごろの間にある三角の部分)で二つに折る。

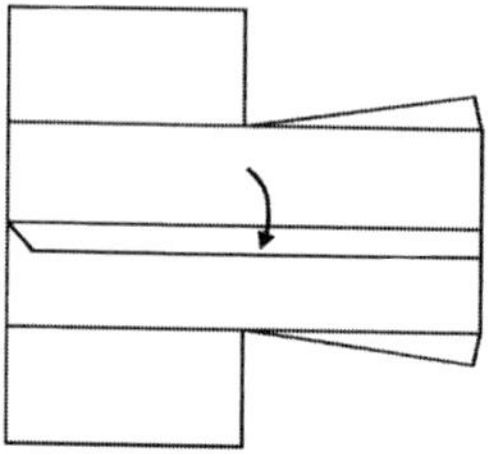

❷
下前の衿に上前の衿を重ね合わせる。

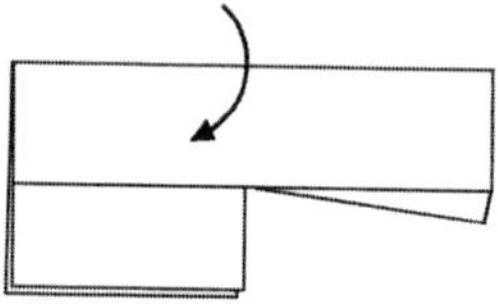

❸
上前のマチの真ん中を持って、下前に合わせ、全体を半分に折る。

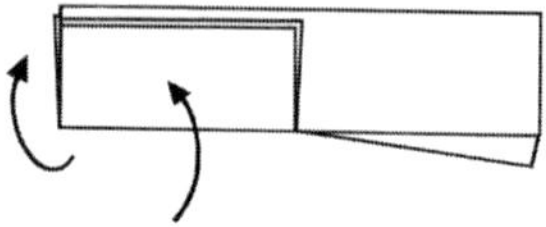

❹
上前の袖は上に、下前の袖は下に、それぞれ折る。

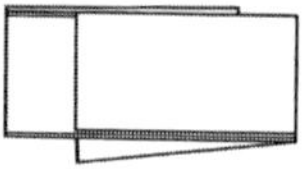

❺
裾を折って、完成。

5章

着物と深く付き合う

着物で運転する

日常着として着物を着ている私は、車の運転も、ほとんど毎日着物で行っています。着物で車を運転するときに注意していただきたいのは、履き物のことです。下駄の場合は、歯がブレーキペダルやアクセルペダルに引っ掛かる心配があるので、履き替えることをお願いします。

草履も脱げたりして危ないですから、私自身は別に用意したスニーカーなどに履き替えるようにしています。

ただし、車内で別の履き物に履き替えた場合は、車を降りるときに、再び草履に戻されるのをお忘れないように。うっかりそのまま出掛けてしまうことも少なくありませんから。

帯結びが邪魔になって運転しにくいのではとご想像される方がいるかもしれませんが、片挟み（一二六頁参照）にすれば、結び目が邪魔になることはありません。ただし、出掛ける先によっては、片挟みでは崩し過ぎという場合もありますので、ご注意ください。

私は、運転することがあらかじめ分かっているようなときは、平成袴を履いております。裾さばきもよく、角帯も簡単な結び方でいいので、便利です。

座席に座るときに、袴の後ろ側を少し上げるようにして、お尻と腰板の間に余裕を持たせると、よりリラックスした状態で運転に臨めます。

長時間のドライブの場合、ドライブインで休憩をとられることがあると思いますが、そのようなときに、「いきなり着物で登場！」をやってしまうと、周囲の雰囲気から浮いているように感じることがあります。その点でも、平成袴ならあまり仰々しくなりませんから、重宝しています。

寒いときには、この上から袖なし羽織を着ています。ただし、運転するときは、しわ予防のために、羽織はお脱ぎになったほうが無難でしょう。

短時間の運転の場合は、羽織を着たまま運転することも不可能ではありません。そのときは、裾をお尻に敷いてしまわず、後ろに払っておかれるといいでしょう。運転中にたもとが気になるようでしたら、筒袖のものになさると、邪魔になりません。

着物姿で運転に困るようなことはまずありません。乗り降りの際も、お尻から入って、それから上半身を回転すれば大丈夫です。なお、後ろのシートにお乗りになる場合は、ドア側に座るようにすると楽です。

雨の日にも着物

雨のときの泥ハネはなかなか落ちにくいのが現状です。かと言って、雨の日にはいっさい着物を着ないというのも淋しいものです。そこで、雨の日には雨コートをお召しになり、濡れたり泥ハネがかかったりするのを予防していただくといいと思います。

雨コートは裾までの丈で、着物をすっぽり覆ってくれるので、着物が雨に濡れる心配はありません。デザイン的にもしゃれたものが多く、着こなしのポイントとしても重宝します。着物を頻繁にお召しになる方なら、一枚おあつらえになるといいでしょう。

しかも雨コートは、雨の日だけでなく、雨が降っていないときに着ていただいてもおかしくないもので、ちりよけとしても活用していただけます。ある程度は防寒にもなりますから、秋口や春先のコートとしても便利でしょう。

雨の日におすすめする着物は、簡単に洗えるポリエステルなどの化繊のほか、大島《おおしま》紬《つむぎ》が挙げられます。また、撥水性を持つぜんまいを生地に織り込んだ着物も、雨の日に適しています。その他、着物や羽織、袴、雨コートなどを作られたときに、「ガード加工」をしておかれるのも一案です（一五三頁参照）。ただ、お召しや縮緬などは雨に濡れると縮んでしまいますから、できれば避けていただくのが無難でしょう。

雨の日に最も気を付けたいのが履き物です。雨の中を草履や雪駄《せった》で歩きますと、地面に接した部分から、水がしみ込んでしまいます。私もやむを得ず大雨の中、雪駄を履いたことがありましたが、そのときの雪駄は水をふくんで使えなくなってしまいました。

やはり雨の日には、駒下駄《こまげた》と呼ばれる高下駄に爪皮《つまがわ》というカバーを着けてお履きになるか、雨用のカバー付き草履を履くのが安心です。このとき、白木の下駄よりも、竹張りのものか塗りのものが、水気をはじいてくれます。裏ワザとしては、シャワーキャップを二個バッグの中にしのばせておき、足にすっぽりかぶせる手もあります。こうすると、ふいの雨にも安心です。

往復には下駄を履いていても、出掛けた先によっては下駄では通用しないこともありますから、その場合は草履を持参され、出先で履き替えることをおすすめします。足袋も必ず替えを持参し、出先で履き替えていただくといいでしょう。手ぬぐいも二〜三枚あると便利です。

そして、雨の日に使用した履き物は、使用後に陰干しすることが大切です。出先からビニール袋に入れて持ち帰った場合、そのままにしておくと、履き物にカビが生えてしまいますから、必ず風を通しましょう。

着物で旅に出る

着物姿に慣れてこられたら、ぜひ、着物で旅に出てみてください。京都や金沢など、古都の散策には、やはり着物姿がしっくり馴染みます。ほかの旅人たちから、羨望の眼差しを向けられることは間違いありません。

さらに着物で海外を旅しようものなら、現地の方たちから大人気のひっぱりだこです。先日も、知人で海外にいらした方が、あちこちで「着物というのは、どうなっているのですか?」と質問されたり、「ビューティフル!」と声をかけられたりしたそうです。日本人の代表として旅をしている、そんな気持ちになったとおっしゃっていました。そして、今後も海外旅行には着物で行くと、大変満足されたご様子でした。

旅の途中は、普段以上に汗もかきますから、襦袢《じゅばん》を取り替えないでいるというのは、あまり気分のいいものではありません。

そんなときには、麻の襦袢が役に立ちます。麻は乾きがとても早いので、日中着た後にホテルの浴室でさっと洗い、室内に干しておくだけで、翌朝にはすっかり乾いているのです。荷物を少なくしたい海外旅行のときなどには最適と言えます。

本来なら麻は夏のものですが、旅行のときには、私は冬でも色麻の襦袢に冬用の半衿を掛けて使っています。

このほか重宝するのが平成袴で、裾がすぼまっているため、石ころの多い道などを歩くときにも安心です。

私の旅支度は、長期の旅行のときでも、着物はせいぜい二枚ぐらいしか持参しません。そこに帯、羽織ひもを少し多めに持っていき、これらの小物と組み合わせて、見た目の印象を変え、着こなしにバラエティを持たせています。

しかも、着物はコンパクトにたため、特に大島紬の場合はしわになりにくいので、スーツをお持ちになるよりも断然楽だと私は感じております。軽くて水に強く、旅には最も適しています。

また、着物で旅をしておりますと、急なパーティー等にも対応できるという点で心強いものです。着物で出席しますと、ホストの方も、「このためにわざわざ着物を用意してきてくれた」と感謝してくださいます。

着物を着て歩く

着物を着てあちこちを歩くと申しますと、どうしても「着崩れ」を心配される方が多いでしょう。

皆が着物を着ていた明治時代以前は、日本人の歩き方が現在と違っていたという話を聞いたことがあります。何でも、あまり手を振らずに歩くのが普通で、振った場合には、手と足が同時に出るような歩き方だったと聞きます。この歩き方の場合、体をねじることが少ないため、着物もあまり着崩れなかったのだそうです。

しかし現代、着物を着たときにだけ、そのような歩き方をするというわけにもいきません。現代ならではの歩き方を身に付けていかれればいいと思います。

そこでまず、着物の着付けが終わったら、「股割《またわ》り」をしておかれると、歩きやすくなります。相撲で言う「股割り」とは少し違いますが、両足を外股に広げて、一度軽くしゃがみ込むことです。こうしておくことで、左右に打ち合わせた裾除《すそよ》けや長襦袢、着物の裾が適度に広がり、裾さばきがよくなります（一一五頁参照）。

次に確かめていただきたいのが、履き物の鼻緒の具合です。履いていて足の指や甲が痛くなるのは鼻緒がきつ過ぎる証拠ですし、逆に、鼻緒に指がするりと入るようでは緩過ぎます。このような場合は、履き物店で鼻緒の調整をしていただくといいと思います。

また、最初に草履をお履きになるときは、鼻緒を引っ張って柔らかくしておくと、歩きやすくなります。下駄は、滑らないように、濡れたタオルで拭くといいでしょう。

歩くときは、爪先に力を入れ、やや外股加減にし、背筋を伸ばして歩くようにすると、草履が滑りにくく、歩きやすいはずです。また、このような姿勢で歩けば、いかにも着物を着慣れた人のように見えます。

そして、一旦着物を着て外にお出になったら、細かな着崩れをいちいち気にしないことです。男子たるもの、多少の着崩れも気にせず、どーんと落ち着いた様子が、一段と男っぷりを上げるでしょう。

ただし、着物姿はそれだけで周囲の注目を集めているということをお忘れなく。電車の中で足を組んで座ったりすれば、長襦袢や肌着などが丸見えになりますし、洋服のとき以上に、マナー違反が強調されてしまいます。

身のこなしにも配慮が行き届いてこそ、着物姿が周囲の羨望を集めるのです。

着崩れの直し方

男の着物の場合、多少の着崩れは色気のうちと考えられています。しかし、行き過ぎればそれもだらしなさとして映るので、その加減は難しいものです。男の着物で着崩れと言うと、「衿元」、ここが気になります。

時間が経つにつれて、衿元がはだけてきたら、姿勢を正しくして立ち、帯が下がらないように手で支えながら、左手で下前《したまえ》の衿先を左横やや下に引っ張り、次に右手で上前《うわまえ》の衿先を右横やや下に引っ張ります。

その後、帯を締めた後のように、帯の内側に親指を差し込んで帯を腰まで下げ、キュッキュッと整えておかれるといいでしょう。

また、裾が上がってきたら、着物の裾をまくって手を入れ、長襦袢から順にゆっくり引き下げながら整えていきます。

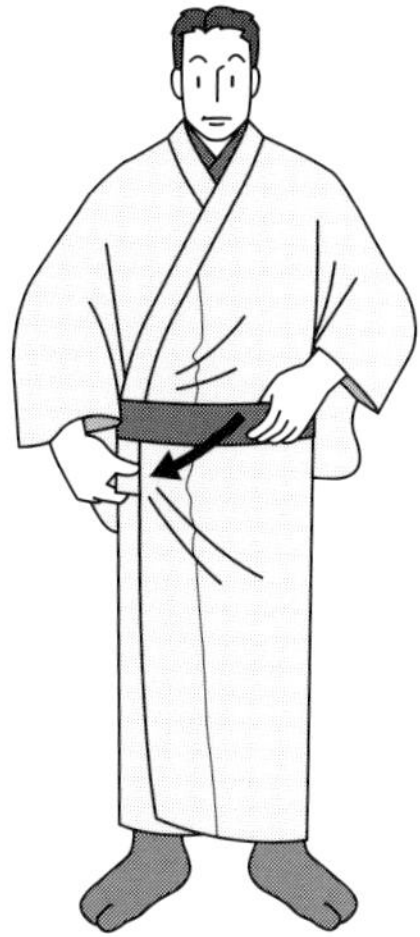

衿元がはだけてきたら、手で帯を押さえながら、左手で下前の衿先を持ち、左横に向かってやや下に引っ張る。次に、右手で上前の衿先を持ち、右横に向かってやや下に引っ張る。

裾が上がってきたら、着物の裾をまくって、長襦袢から順に引き下げる。

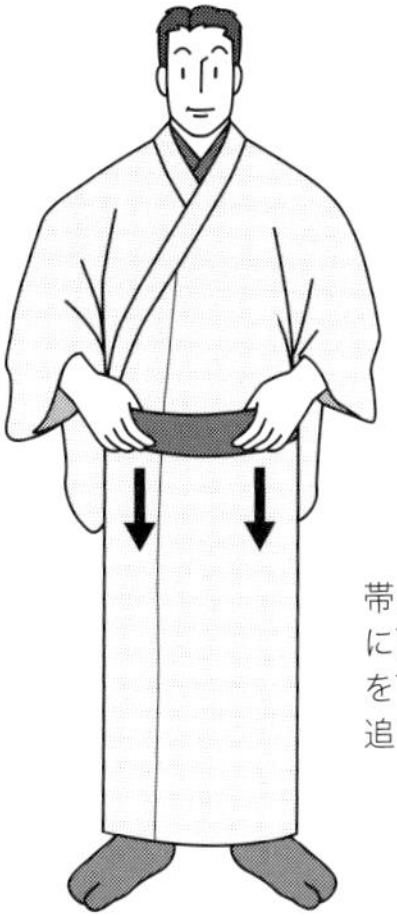

帯がずり上がってきたら、帯の内側に両手の親指を差し込み、帯の位置を下げる。両手の指で両脇へしわを追いやって、帯の形を整える。

トイレに行くとき

初心者の方からよく質問を受けるのが、トイレの行き方です。皆さん、聞くに聞けずに困っていらっしゃるご様子なのです。

着物でトイレに行くときは、裾をまくり上げる必要があるため、個室を使うのがスマートです。

一、まず、着物の上前の裾をまくり上げ、褄先《つまさき》（一六三頁図参照）を帯の左側に挟みます。

二、次に、下前の裾も同様にまくり上げ、褄先を帯の右側に挟みます。

三、襦袢の裾も同じように、褄先を帯の左右に挟み、用を足します。

用を足されたあとは、一四八〜一四九頁を参照いただき、簡単に着崩れを直しておかれることをおすすめします。

さて、問題は袴の場合です。平成袴の場合は、袴では用を足しにくいという難点をクリアするために、前にファスナーを付けました。これなら、パンツと同じ要領で用を足することができます。

そのほかの袴について見ていきましょう。まず小の場合です。

裾の仕切りがない行灯袴《あんどんばかま》の場合、汚れないように注意しながら、裾除けから着物、袴まですべてをまくり上げて用を足します。

ズボンのように仕切りのある馬乗り袴の場合も同様に、どちらかの裾をまくり上げて対処します。

大の場合は、行灯袴であれば、小のときと同様で大丈夫ですが、馬乗り袴の場合は、一方の足を反対の方に踏み替え、両足ともにどちらかの裾に入れてしまいます。こうすると行灯袴と同様に用を足すことができます。よろけたりしないよう、壁に手を当てるなどしてなさってみてください。

トイレに入られた際、特に慣れないうちは、着物と袴の裾が大きく、扱いが大変でしょう。袴のひもも含め、便器の中の水にうっかり浸けてしまわないよう、十分にご注意いただければと思います。

着物を着たときのマナー

着物を着たときのマナーは、着る前にあれこれたたき込まれても、今ひとつ実感しにくいというのが本当のところでしょう。実際に着物をお召しになって、いろいろな失敗を重ねながら初めて、一つ一つが身に付いていくことと思います。

初めて着物をお召しになったときに一番苦労するのが、階段の上り下りではないでしょうか。パンツをはいているときと違って、裾を踏み付けてしまう心配があり、特に急いでいるときなどは、危険も伴います。

階段を上り下りするときには、右手で着物の前の部分を少しつまみ、持ち上げるようにするといいでしょう。これで、裾さばきが随分楽になります。また、階段を上がるときには、爪先を段の上に乗せるようにしてください。バランス上の問題もありますが、裾汚れを防ぐことにもなります。

次に多いのが、食事時の失敗です。私も以前、バイキング料理の大皿にたもとを浸してしまったことは申し上げた通りです。何かを取るときには、必ず片手でたもとを押さえましょう。

食事中は、食べこぼしをしやすいので、ひざに手ぬぐいを広げておかれるといいでしょう。

このほか、たもとにハンカチやティッシュペーパーなど、いろいろしまわれている場合が多いでしょうが、最近では、ここに携帯電話をお入れになる方も、ときにはいらっしゃいます。

このような状態で、うっかり袖を振り上げたりすると、側にいた人に携帯電話がポーンと当たってしまう恐れもありますので、たもとに物を入れているときの立ち居振る舞いには、十分ご注意いただきたいと思います。

室内では、ドアノブに袖口を引っ掛けてそのまま勢いよく通り過ぎ、着物を引き裂いてしまう方がときどきいらっしゃいます。近くに持ち手の大きいノブがあるときには、特に注意して通るようになさってください。

着物を着て座るときにも、ちょっとしたコツがあります。正座をする場合は、両手でひざ下に手を滑らせながら、上前が乱れないよう、ゆっくり揃えてお座りになるといいでしょう。

また、腰を下ろす前に羽織の裾を後ろに払っておかれると、しわになる心配がありません。椅子にお座りになる場合にも、お試しください。

着物を脱いだら

着物を着て外出から戻ったら、まず着物を脱ぐ前に手をよく洗ってください。そして、着物を脱いだら、すぐにハンガーに掛けます。このときに使うハンガーは、洋服用のハンガーではなく、着物専用のハンガーをお使いになることをおすすめします。

ハンガーに吊るしたら、まずは、おなかから腰のあたりの湿気を取り除きます。この部分はちょうど帯の下に当たるところで、汗をかきやすいからです。ドライヤーの「ホット」の風を当てるといいでしょう。その後は、着物全体のぬくもりを早く取るために、今度はドライヤーの「クール」の風を当てていきます。

着物に汗じみをつけないコツは、できるだけ早く、ぬくもりを取り去ることです。また、衿や袖口など、汚れが付きやすいところは、脱いですぐに汚れやしみが付いていないか確認するといいでしょう。

そしてこのまま、風通しのよい直射日光の当たらない室内に半日ぐらい干しておきます。あまり長時間ハンガーに掛けたままでいると、着物の形が崩れてしまいますので、半日から一日くらいが適当です。

次に、たたむ前にはブラシ、またはビロードで作った小ぶとんやタオルなどでほこりを取りながら、背中側など、着ているときには見えにくいところを中心に、知らずについた汚れがないかどうかチェックしていただくといいと思います。

ほこりを払うブラシは、毛の軟らかいものをお使いになるといいでしょう。カシミアやシルク用のブラシがおすすめです。布目に沿ってブラシをかけますが、縮緬《ちりめん》など、しぼのあるものは、それを伸ばしてしまわないように、斜めにブラッシングします。角帯などの帯は、ぬくもりのあるうちにたたいてしわを取り、うまく折りたたみながらハンガーに掛けて湿気を取り除きます。

しみや汚れは、家庭で処理できるものは家庭で（一五八頁参照）、そうでないものは無理なさらず、専門家に処理をお願いしましょう。

なお、着物のしみを心配されるときは、仕立てるときに「ガード加工」をしておくと安心です。この加工をしておけば、うどんやそばなどをすすってツユが飛び散ってしまったようなときも、汚れをはじいてくれますので、さっと拭き取るだけで済みます。

ガード加工による風合いの違いをご心配なさる方がいらっしゃるかもしれませんが、風合いはほとんど変わりません。費用は長着袷《あわせ》で、一万円程度です。

着物のしまい方

かつて着物は、畳紙《たとうし》に包んで桐のたんすにしまっておくのが最良の方法とされてきました。しかし虫干しをしない最近では、実はこの紙が、しみやカビ、色褪《あ》せの原因となってしまうことがあるのです。

畳紙をお使いになりたい場合は、必ず最低年一回、湿気の少ない一〇～三月の間に着物に風を当ててください。

一〇～一一月または二月～三月に一回、三～四日天気のよい日が続くときの二日目から三日目を選んで、朝一〇時頃から二時頃まで、日が当たらない場所で畳紙を畳の上に広げて、着物はたたんだままの状態で風を通していただくだけで構いません。

しかし例外として、黒紋付などのめったに着用なさらない、また、いつお召しになるか分からない着物については、着るたびにしみ抜きをし、畳紙には入れずに、洗いざらした風呂敷に包んで、できるだけたんすの上の段にそのまましまっておかれることをおすすめします。

もう一つ問題なのが防虫剤です。多種類のものを同時に使うと、しみの原因になったりもします。

天然の防虫剤としてはイチョウの葉があります。秋に黄色くなって落ちた葉を集めて、きれいに洗い、日に当ててしっかり乾燥させます。これを糊抜きした晒《さら》しやガーゼで作った袋に入れて、引き出しの隅に入れておきます。

イチョウの葉から出る「シキミ酸」という酸は、着物には害がないのですが、虫がとても嫌がるガスなので、これによって虫が寄り付くのを防ぐことができるのです。この手作り防虫剤ですと、いくら入れても大丈夫ですし、二年は効果が持続します。

絹を食べる虫はほとんどいませんが、紙の糊や汚れを食べる虫がいて、汚れがあるとそこに卵を産み、その卵から孵化《ふか》した幼虫が、成虫になるまでの餌として、汚れと一緒に絹も食べてしまうのです。着物をたんすにしまう前は、汚れがないかご確認ください。

着物のクリーニング

着物を脱いだら、きちんと手入れをしていただくのが大切なことは前項でも申し上げた通りです。洋服でも着物でも、しまう前にはきれいにしておくのが基本ですが、特に絹でできた着物は、たとえ普段着としてお召しになっていらっしゃる場合でも、洗濯機でザブザブ洗ってしまうわけにはいきません。綿の着物や浴衣、作務衣《さむえ》などを除いては、何らかの形でプロに任せることになります。

呉服店やデパート、または信頼できるクリーニング店に着物を預けてご相談いただくのが安心です。

さて、一口にきれいにすると言っても、その方法はいろいろあります。手入れの判断基準になるよう、段階を追ってひと通りご説明しておきましょう。

まず、部分的にしみや汚れを付けてしまった場合は、軽い程度のものならご自身で、困難そうなものであれば専門家にしみ抜きをしてもらうことになります。

次に、特にしみや汚れはないけれど何度か着て全体に汚れてきたもの、衣替えでしばらくしまっておくものなどは、専門の職人に着物全体を、くまなくきれいにしてもらう「丸洗い」と「しみ抜き」をお願いするといいでしょう。

また、シーズン中であっても特にたくさん汗をかいた場合や、同じ着物を続けて何度かお召しになった場合などは、汗じみが残らないよう、裏地を中心にざっときれいにする「丸洗い」と「汗抜き」を依頼するといいでしょう。

さらに、ひどく汚れてしまい、しみ抜きや丸洗いでは対処しきれない場合や、裾がいたんでしまった場合、譲り受けた着物を仕立て直す場合、あるいは、ご自身がもう着るご予定のない着物を長期間しまわれる場合などは、「洗い張り」をします。

この方法は、まず着物を完全にほどいて各パーツを繋ぎ合わせ、元の反物《たんもの》に近い状態にします。その反物に水を通して洗うのですが、最も本格的な手入れになります。洗い張りしたものは、反物の状態のまましまっておけば問題はありませんし、染め直しや色かけ、寸法を変えての仕立て直しも可能です。

クリーニングにお出しになる頻度は、よくお召しになる着物で、丸洗いは三年に一回くらい、しみ抜きはシーズンごとを目安にするといいでしょう。

浴衣は家庭でも洗濯できますが、糊をきかせてパリッとさせるのは難しいものです。洗い上がった浴衣をクリーニング店でプレスしてもらう方法もありますので、上手にご利用ください。

しみ抜き

着物を着る機会が増えれば、いろいろな場面に遭遇するわけですから、うっかり汚してしまうことも出てきます。ただ、すぐにきちんとお手入れすれば、たいていは大丈夫なので、むやみに慌てたりがっかりしないでいただきたいと思います。

しみになるかどうかは、ついた汚れにもよりますが、処置によっても随分と変わってきます。まずはその場で早めに手を打つことです。そして、着物をお脱ぎになったら、なるべく早く適切な処置をしておかれることをおすすめします。

その場での処置ですが、絹は特に水気に弱いので、濡れてしまったら、その場でなるべく早く水分を取り去ってください。ハンカチや手ぬぐい、タオルなどの乾いた布で、こすらずに吸い取らせます。

しょうゆやコーヒーなど、水性の汚れの場合は、かたく絞った布で軽くつまむように拭き、そのあと、手のひらを当てて乾かします。料理に使われる油など、油性の汚れの場合は、水分は厳禁です。ティッシュペーパーなどでつまみ取っておくといいでしょう。

ただし、これらはあくまでも応急処置です。ご帰宅されたら、早めに呉服店にお持ちください。

着物をお脱ぎになったら、特に汚れを付けた覚えがなくても、しまう前にひと通りご確認ください。ごく小さなものや目立たない場所のもの、衿の汚れなどごく軽いものについては、ご家庭でも対応できます。

このとき、衿は、汚れた部分だけにベンジンをお付けになると、輪じみになったり、こすり過ぎたりしてしまうこともあります。ベンジンを白いタオルにたっぷりふくませて衿幅いっぱいに拭いていただくのがコツです。ベンジンがたっぷり付いていますので、こすっても大丈夫ですし、付け過ぎても蒸発しますから心配いりません。

そのあと、よく振ることも大切です。ベンジンは揮発性なので、振ることで早く乾くからです。そしてすばやくドライヤーで乾かしていただけば大丈夫です。

ベンジンで落ちるしみは油性系のものです。中華油などでも、簡単に消えてしまいます。

なお、汚れにもよりますが、付けてから一年や二年のしみでしたら、プロに依頼すればたいてい落とすことができます。一〇年くらい経ったものは難しくなりますが、それ以前のしみでしたら、かなりの確率で落ちるとお考えください。

着物の格付け

　和装には、未だに洋装より厳密な決まりごとがあります。その中でも、現代の生活様式とはやや離れるため、分かりにくいのが着物の格付けでしょう。

　間違うと問題になるのは、礼装など改まったものの場合がほとんどです。つまり、礼装以外については、あまり堅苦しく考えなくても大丈夫と思ってください。

　これは洋装でも同じことで、改まった席に出席するときには、その「場」に対しても、自分以外の出席者に対しても敬意を表する意味で、まず、身なりを整えることは最低限のマナーだからです。

　まず、基本を押さえておけば間違いはありません。迷ったときは、より格上にしておけば、基本的には失礼にはあたりません。

　もちろん、あまりかしこまっては浮いてしまいますし、和装は目立ちますから、ご友人の結婚式に招待されて第一礼装で出席してしまうと、格が高すぎますので、ご注意ください。

具体的には、紋の数は一つより三つ、さらに五つと増えるごとに、格が上がっていきます。また、すでに染め上がった反物に後からでも加えられる「縫い紋」よりは、「染め抜き紋」のほうが格が高くなります。

ちなみに、紋の大きさは、男性用が直径三・八センチ、女性用が二・一センチとなっており、大きさが違います。

ただ、頭に入れておいていただきたいのが、格がどうかということは、着物の価格とは別物だということです。例えば、ベストクオリティのものでなくとも、それに紋が付いていれば、質や価格の高い紬よりも、格の点では勝るというわけです。以下に、具体的にまとめてみました。

まず、最上格は、洋装で言うと燕尾服《えんびふく》にあたる第一礼装です。ご招待状に「ホワイトタイ」の指定があるような特別の席とお考えいただければと思います。

この場合は、長着と羽織は揃いの黒羽二重《くろはぶたえ》に染めの五つ紋付。羽織ひもは丸打ちまたは平打ちの白、衿も白です。これに角帯と仙台平《せんだいひら》の縞の袴を着け、袴のひもは十文字結びにします。小物は白扇、履き物は白足袋に白鼻緒の畳表の雪駄です。

次がモーニングやタキシードやにあたる準礼装、あるいは略礼装と呼ばれるスタイルです。この装いは、第一礼装より幅があります。色はモノトーンの必要はなく、無地であれば色物で構いません。紋は染め紋で一つあれば十分でしょう。半衿や履き物、扇などの小物は白で統一します。

そして、パーティーなどやや改まった席に向く着物と続きます。この場合には、長着と羽織は、お召しや紬の無地の対《つい》の紋付を合わせます。紋は、縫い紋で一つ紋で構いませんし、衿も色物を持ってくることができます。

やや崩すのであれば、衿はグレーなどの薄い色物に、雪駄の鼻緒はグレー系の上品なものがよいでしょう。

ここから先は、それほど難しく考えることはありません。外出着でも袴を着ければより改まったスタイルになりますし、紬の羽織・袴ならスーツに相当します。この場合の衿や足袋は、色物のほうがおしゃれでしょう。

このほか、長着と羽織のアンサンブルや色、素材違いの組み合わせ、長着に帯のみの着流しと、次第にカジュアルになっていきます。さらに素材を綿にしたり、帯を兵児帯《へこおび》にすれば、かなりカジュアルな普段着、家庭着になります。

着物の各部の名称

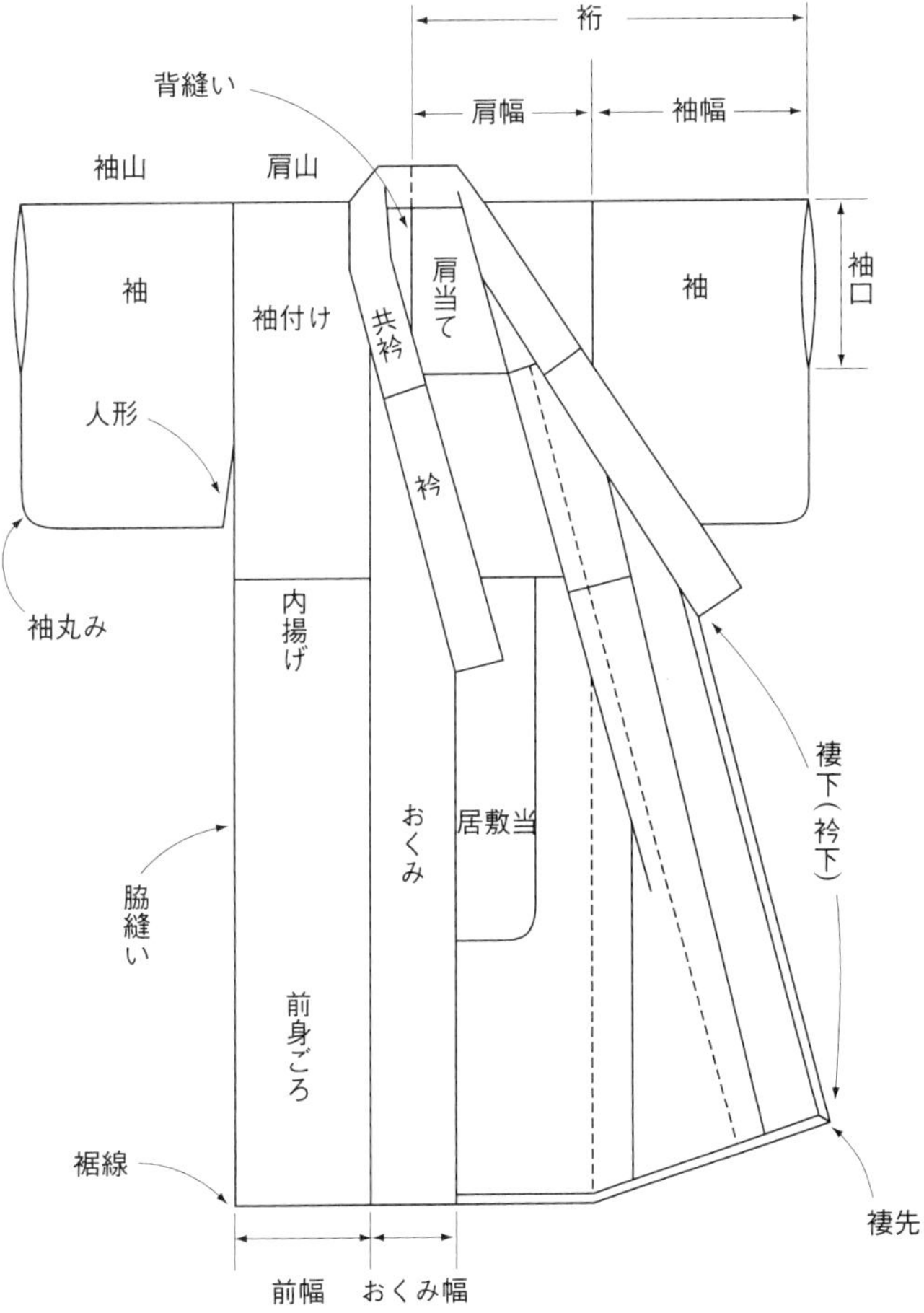
裄
肩幅
袖幅
背縫い
袖山
肩山
袖
袖付け
共衿
肩当て
袖
袖口
人形
衿
袖丸み
内揚げ
褄下（衿下）
おくみ
居敷当
脇縫い
前身ごろ
裾線
褄先
前幅
おくみ幅

泉二弘明（もとじこうめい）

「銀座もとじ 男のきもの」店主。株式会社銀座もとじ代表取締役社長。

1949年、鹿児島県奄美大島生まれ。21歳の時、父の形見の大島紬を羽織って故郷の織物の良さに気付き、着物の良さを広めようと着物業界に入る。1980年、銀座に店舗をオープン。以来、専門特化した店作りを行い、2002年には日本初の男性着物専門店「男のきもの」をオープン。現在ほかに、織の着物専門店「和織（わおり）」、染めの着物専門店「和染（わせん）」、大島紬の専門店「銀座もとじ大島紬」、和文化の発信基地「ぎゃらりー泉」を展開。作り手とお客様を結ぶ着物プロデューサーとして幅広い活動を行っている。

著書に『今日から始める男のきもの』(PHP)、監修に『銀座もとじの男のきもの』(世界文化社MOOK) などがある。


本書は、2003年4月にリヨン社より発刊された『男の着物人生、始めませんか』の改装改訂新版です。

本書の情報は2016年12月現在のものです。

二見レインボー文庫

はじめての「男《おとこ》の着《き》物《もの》」

著者　泉二弘明《もとじこうめい》

発行所　株式会社 二見書房
東京都千代田区三崎町2-18-11
電話 03(3515)2311［営業］
03(3515)2313［編集］
振替 00170-4-2639

印刷　株式会社 堀内印刷所
製本　株式会社 関川製本所

落丁・乱丁本はお取り替えいたします。
定価は、カバーに表示してあります。

ISBN978-4-576-16192-1
http://www.futami.co.jp/